어린이를 위한

좌충우돌
일전 생존기

"나도 궁금했어!"

왕초보 무린이를 위한 1:1 무역 과외 노트

무린이를 위한

장재환 지음

좌충우돌 실전 생존기

"나도 궁금했어!"

선배는 절대 알려주지 않는, 현장의 돈이 되는 질문들!

유튜브와 블로그 '1분 무역창고' 구독자가 열광한 바로 그 질문들,
가장 날카로운 핵심 답변으로 돌아왔다!

생각나눔

당신의 첫 번째 무역, 더 이상 헤매지 않도록

'무역'이라는 단어를 들으면, 어떤 그림이 먼저 그려지는가? 끝도 없이 이어질 것 같은 서류 작업, 도무지 알 수 없는 외국어와 전문 용어들, 그리고 어디서부터 손을 대야 할지 몰라 막막했던 기억. 아마 많은 분이 고개를 끄덕이고 계실 것이다.

그동안 『실무자들이 궁금해하는 무역 실무 A to Z』와 『절대 무역 창업하지 마! 이 책 읽기 전까진』을 펴내고, 유튜브와 블로그 〈1분 무역창고〉에서 여러 독자와 소통하며 깨달은 것이 있다. 바로 뜨거운 열정과 멋진 아이디어를 가지고도, '무역'이라는 거대한 벽 앞에서 발걸음을 돌리는 분들이 정말 많다는 사실이다.

세계를 무대로 새로운 기회를 잡을 수 있는 이토록 매력적인 분야인데, 시작의 문턱이 너무 높아 꿈을 접어야 한다는 건 정말 안타까운 일이다. 그래서 작정하고 펜을 들었다. 왕초보, 즉 '무린이'들을 위한 진짜 '실전 생존기'를 만들어보자고 말이다. 그렇게 탄생한 책이 바로, 『무린이를 위한 좌충우돌 실전 생존기 "나도 궁금했어!"』다.

이 책은 철저하게 무역의 '무' 자도 모르는 '무린이'의 눈높이에 맞춰 쓰였다. 머리 아픈 이론과 어려운 용어는 과감히 덜어내고, 오직 현장에서

부딪히는 진짜 질문들로만 가득 채웠다.

"해외 바이어(수입자)는 대체 어디서 찾아야 해요?"
"수출 가격, 얼마를 받아야 손해 보지 않을까요?"
"T/T와 L/C? 어떤 게 유리한가요?"
"해외 업체에 메일 보내도 왜 답변이 없어요?"
"전시회 준비는 어떻게 해야 해요?"
"무역 서류는 뭘 알아야 하죠?"

이처럼 당장 무역을 시작하려는 분들이 가장 궁금해하는 질문에, 생생한 사례를 곁들여 속 시원한 답을 드리는 데 모든 것을 집중했다.

특히 이 책이 더욱 특별한 이유는, 핵심 질문과 답변 모두 〈1분 무역창고〉 구독자분들이 직접 던져주신, 그야말로 가장 날것의 궁금증이라는 점이다. 즉, 여러분의 선배 '무린이'들과의 소통으로 이미 그 가치와 필요성이 검증된, 살아있는 콘텐츠인 셈이다.

이제 더 이상 두꺼운 이론서 앞에서 좌절할 필요도, 복잡함에 의지가 꺾일 이유도 없다. 무역이라는 새로운 세계로 첫발을 내딛는 당신의 손에, 이 책이 가장 든든하고 친절한 나침반이 되어줄 것이라 확신한다.

부디 이 책을 통해 무역에 대한 막연한 두려움이 '나도 할 수 있다!'는 설레는 자신감으로 바뀌기를, 그리고 당신의 비즈니스가 세계로 힘차게 뻗어나가는 그 멋진 꿈의 첫 페이지가 되기를 진심으로 응원하는 바이다.

CONTENTS

Chapter 1

아는 척 말고 진짜 시작하기
: 99%가 놓치는 수출의 첫 단추

당신의 이메일은 왜 휴지통으로 직행하는가?

: '진짜 바이어'를 만나는 기술

Chapter 3

서류는 당신의 돈과 시간을
지키는 가장 강력한 무기다

돈 때문에 겁먹지 마라
: 가격 협상과 대금 회수의 모든 것

물류를 지배하는 자가
비용을 지배한다

초보와 프로를 가르는 위기관리의 기술

부록

왕초보 무린이를 위한 1:1 무역 과외 노트

수출이라는 막막한 벽 앞에서,
성공적인 무역 첫걸음을 위한 6가지 현실 조언

수출을 처음 시작하는 당신의 마음, 아마 안개 속을 걷는 것처럼 답답하고 막막할 것이다. 어디서부터 시작해야 할지, 무엇을 먼저 해야 할지 도무지 감이 잡히지 않는 기분, 누구나 공감하는 부분일 것이다. 이럴 때 우리는 무심코 '가장 쉬운 길'을 찾게 된다.

1. '확실한 바이어 리스트'라는 신기루를 좇고 있는가?

수출의 성패가 결국 좋은 바이어를 만나는 것에 달려있다는 건 누구나 아는 사실이다. 그래서 많은 이들이 "어디서 확실한 바이어 명단을 구할 수 없나요?" 혹은 "제 물품을 대신 팔아줄 능력자를 소개해 주세요."라고 질문하곤 한다.

단연코. 그런 정답은 세상에 없다. 진짜 능력 있는 파트너는 결코 당신 앞에 쉽게 나타나지 않는다. 오히려 "내가 다 해결해 주겠다."며 접근하는 사람이 있다면 일단 경계부터 하는 것이 현명하다. 당신의 제품과 상황에 딱 맞는 바이어를 찾는 것은 '보물찾기'와 같다. 지름길을 찾기보다, 꾸준한 노력으로 보물지도를 한 칸씩 채워 나가야 한다.

2. '전문가'라는 이름에 숨겨진 진실

어려운 문제를 만나면 전문가를 찾게 된다. 하지만 무역 전문가라고 해서 다 같은 전문가는 아니다. 단순히 대기업이나 해외 지사장 출신이라는 타이틀이 당신의 사업에 날개를 달아주진 않는다. 진짜 전문가는 다양한 아이템과 여러 국가에서 직접 발로 뛰며 실무를 경험한 사람이다. 더 나아가, 당신처럼 맨땅에서 사업을 일궈본 경험이 있고, 여러 사람을 멘토링하며 다양한 사례를 접해본 사람이어야 한다. 이런 '진짜 전문가'는 정말 드물기에, 누군가에게 조언을 구할 때도 신중하게 그 사람의 경험을 살펴봐야 한다.

3. 성급한 글로벌 오픈 마켓(ex, 아마존 판매), 왜 수출길을 막을 수 있을까?

수출이 막막하게 느껴질 때, 아마존 같은 글로벌 플랫폼은 아주 매력적인 대안처럼 보인다. "이거라도 먼저 팔아보자."라는 생각으로 창고에 있는 제품을 하나씩 올리기 시작한다. 하지만 이 행동이 오히려 미래의 수출길을 막아버리는 '독'이 될 수 있다는 사실, 알고 있는가?

아마존은 소비자를 직접 상대하는 B2C 플랫폼이기에, 판매 가격이 매우 낮게 형성되는 경우가 많다. 그런데 만약 진짜 B2B 바이어가 당신의 아마존 판매 페이지를 보게 된다면 어떻게 될까? 바이어는 그 낮은 '소비자 가격'을 기준으로 당신에게 공급가를 요구할 것이다. 하지만 중간 유통 마진을 붙여야 하는 바이어 입장에서는 도저히 이익을 낼 수 없는 구조가 된다. 결국 잠재적인 파트너를 스스로 쫓아내는 악수가 될 수 있다.

4. 내 소중한 제품, '카피캣'으로부터 어떻게 지킬까?

해외에서 내 제품이 인기를 끌기 시작하면 기쁨과 동시에 불안감이 찾아온다. 바로 '카피 제품'의 등장이다. 현지에 든든한 파트너(바이어)가 없는 상태에서 상표권이나 특허권 같은 지식재산권을 머나먼 타국에서 홀로 지키기란 거의 불가능에 가깝다. 누군가 더 싼 공장을 찾아 똑같은 제품을 만들어 시장을 흔드는 것은 흔한 일이다. 내 제품을 지켜줄 동반자를 만드는 것, 이것이 카피 제품을 막는 가장 현실적인 방법이다.

5. 그렇다면 제조사는 어떻게 시작해야 할까?

제품을 직접 만드는 제조사라면, B2B(기업 간 거래)에 집중하는 것이 정석이다. 소비자에게 하나씩 파는 것보다, 당신의 제품을 현지 시장에 유통해 줄 든든한 파트너 기업을 찾는 데 집중해야 한다. 이를 위해 아래의 활동들은 선택이 아닌 필수다.

✔ 바이어와의 꾸준한 상담
✔ 해외 전시회 참가
✔ 잘 만들어진 홈페이지와 제품 소개서
✔ 진심을 담은 이메일링

기본처럼 보이지만, 이 기본을 꾸준히 해내는 것이 성공의 문을 여는 열쇠가 된다.

6. 수출에 '지름길'은 없다, 하지만 '왕도'는 있다

'무역에는 지름길이 없다'는 말이 있다. 조급한 마음에 "쉽게 돈 벌게 해 주겠다."는 유혹에 넘어가 사기를 당하는 경우가 정말 많다. 너무 서두르면 오히려 더 큰 시간과 비용을 잃게 된다.

수출은 정확한 방향을 잡고, 장기적인 안목으로, 꾸준히 나아갈 때 비로소 기회가 찾아온다. 당장 눈에 보이는 성과가 없더라도, 인내심을 갖고 움직여야 한다. 무역은 100미터 달리기가 아닌, 끝이 보이지 않는 마라톤과 같다. 그리고 그 마라톤에서 가장 큰 무기는 바로 '꾸준함'임을 명심해야 한다.

바이어의 요청으로 내 제품이 아닌 남의 제품을 소싱&수출

소싱 공장에 꼭 물어봐야 할 11가지

"내 제품이 아닌데, 수출할 때 뭘 확인해야 할까?"

바이어의 요청으로 다른 회사 제품을 수출하게 될 때가 있다. 이때 우리는 '샌드위치' 같은 중간자 포지션에 놓이게 된다. 이 포지션은 장점도 있지만, 항상 위험을 안고 가야 한다. 그래서 제품을 소싱할 때 미리미리 꼼꼼하게 확인해야 할 것들이 많다. 이렇게 미리 확인하면 불필요한 위험을 막고, 오랫동안 좋은 비즈니스를 이어갈 수 있게 된다.

1) 공장의 수출 경험 유무가 왜 중요할까?

첫 번째로, 우리가 소싱하려는 제품을 만드는 공장이 해외에 수출해 본 경험이 있는지 확인하는 게 정말 중요하다. 만약 공장에 수출 경험이 없다면 처음부터 끝까지 우리가 직접 다 챙겨야 할 일이 많아진다. 하지만 이미 해외에 제품을 팔아본 경험이 있다면 이야기는 달라진다. 우리는 그 제품의 가격 정보, 판매 기록, 그리고 해외 소비자들의 피드백 같은 아주 중요한 정보들을 미리 참고할 수 있다. 이런 정보들은 우리가 해외 시장에서 제품을 더 잘 팔고, 생길 수 있는 문제들을 예측하는 데 큰 도움이 된다.

2) 독점 판매권, 누가 가지고 있나?

두 번째로 중요한 건 바로 '독점'이나 '판권' 문제다. 제조사와 판매자가 다른 경우가 종종 있다. 만약 이 제품의 독점 판매권을 이미 다른 누군가가 가지고 있다면 어떻게 될까? 해외에서 제품을 팔 계획이라던 누가 독점권을 가지고 있는지 미리 확인하고 교통정리를 확실히 해야 한다. 예를 들어, 나의 타깃 국가가 미국인데, 이미 미국에 대한 독점권이 누군가에게 있다면 우리가 그 지역에 팔 수 없을 수도 있다. 이런 부분을 제대로 확인하지 않으면 나중에 큰 문제가 생길 수 있으니 꼭 점검해야 한다.

3) 특허나 인증서는 꼭 확인해야 할까?

세 번째는 바로 특허나 인증서의 유무를 확인하는 것이다. 왜냐하면 이런 특허나 인증서는 해외 마케팅을 하거나 제품을 홍보할 때 아주 큰 도움이 되기 때문이다. 우리가 "우리 제품 좋아요!" 하고 주관적으로 말하는 것보다, 공신력 있는 특허나 인증서가 있다면 해외 시장에 제품을 훨씬 객관적이고 자신 있게 선보일 수 있기 때문이다. 이는 바이어(수입자)나 소비자들에게 제품에 대한 신뢰를 줄 수 있는 아주 중요한 자료가 되곤 한다.

4) 수량, 납기, MOQ! 왜 이렇게 복잡할까?

네 번째로 확인해야 할 건 수량, 납기, 그리고 MOQ(최소 주문 수량)다. 우리가 수출하는 제품은 대부분 주문하는 수량에 따라서 가격이 달라지는 경우가 많다. 또한, 납기, 즉 제품을 언제까지 받을 수 있는지 확인하는 것도 정말 중요하다. 공장이 재고를 가지고 있다면 빨리 받을 수 있지만, 새로 생산해야 한다면 시간이 오래 걸릴 수 있다. 납기는 바이어의 판매 시기나 마케팅 계획과도 깊이 관련되어 있어서, 제대로 확인하지 않으면 클레임이 들어올 수도 있으니 꼼꼼하게 확인하는 것은 필수다.

5) 제품 불량, 공장은 어떻게 대응하나?

다섯 번째로, 만약 제품이 불량이라면 공장이 어떻게 대응해 줄지도 미리 확인해야 한다. 제품 불량은 수량이 부족하거나, 제품 자체에 하자가 있거나 운송 중에 파손되는 등 여러 가지 형태로 나타날 수 있다. 이런 문제가 발생했을 때 공장이 어떻게 책임을 지고 해결해 줄지 미리 알아봐야 한다. 100% 완벽한 제품을 기대하기는 어렵기 때문에, 사전에 불량 대응 절차를 잘 준비해 두면 나중에 불필요한 클레임을 미리 막을 수 있다.

6) 가격 유효기간, 왜 꼭 알아야 할까?

여섯 번째는 바로 가격의 유효기간을 확인하는 것이다. 수량, 납기, 그리고 가격은 항상 함께 움직이는 중요한 조건들이다. 그런데 우리가 제품 소싱을 문의하고, 바이어에게 통보하고, 샘플을 진행하고, 최종적으로 주문하기까지는 꽤 오랜 시간이 걸릴 수 있다. 이 긴 시간 동안 처음에 받았던 가격이 그대로 유지될지 꼭 확인해야 한다. 만약 갑자기 가격이 올라 버리면 우리의 마진이 그만큼 줄어들거나 심지어 주문 자체가 불가능해지는 큰 문제가 생길 수도 있으니, 가격 유효기간은 반드시 체크해야 할 사항이 된다.

7) 색깔이나 스펙 변경, 가능한가?

일곱 번째로 확인해야 할 것은 제품의 색깔이나 스펙(사양)을 변경하는 것이 가능한지다. 어떤 제품은 처음부터 색상이나 스펙 변경이 불가능한 경우도 있다. 또 어떤 제품은 주문 수량에 따라 변경이 가능할 수도 있고, 불가능할 수도 있다. 공장으로서는 계약을 따내기 위해 무리하게 "네, 가능해요!"라고 말할 수도 있으니, 이 부분은 정말 꼼꼼하게 확인해야 한다. 나중에 안 된다고 하면 큰일이기 때문이다.

8) P/I 조건, 미리 확인해야 할까?

여덟 번째로, P/I(Proforma Invoice)에 들어가는 조건들을 미리 확인해야 한다. 우리가 중간자 입장이기 때문에 바이어와 P/I를 체결하기 전에, 우리가 소싱하는 공장과 P/I에 들어갈 조건들을 미리 맞춰보는 것이 중요하다. 예를 들어, 결제 조건이나 배송 조건 같은 것들을 공장과 충분히 논의하고 조율해 두면, 나중에 바이어와 문제가 생길 일이 훨씬 줄어들게 된다. 이 과정을 통해 좀 더 원활한 비즈니스를 진행할 수 있게 된다.

9) 국내 판매 상황, 왜 참고해야 할까?

아홉 번째는 제품의 현재 국내 판매 상황을 살펴보는 것이다. 특히 국내 소비자들의 피드백이 아주 중요하다. 해외 시장은 국내와 특성이 다를 수 있지만, 제품을 사용하는 소비자들의 기본적인 성향은 생각보다 비슷할 수 있다. 국내 소비자들이 어떤 부분에서 만족하고 어떤 부분에서 불만을 느끼는지 미리 파악해 두면, 해외 시장에서도 비슷한 반응을 예상하고 대비할 수 있어서 큰 도움이 된다.

10) 마케팅 자료, 공장에서 받을 수 있나?

열 번째로, 마케팅 자료를 공장에서 공유받을 수 있는지 확인하는 것이다. 우리가 중간자 위치에서 일을 할 때는 몸이 최대한 가벼워야 한다. 마케팅 자료를 우리가 직접 다 만들려면 시간도 많이 들고 부담스럽다. 물론 제품에 대한 공장의 시선과 우리의 시선이 다를 수도 있지만, 가능하다면 공장에서 가지고 있는 마케팅 자료를 요청해서 활용하는 것이 훨씬 효율적이다.

11) A/S와 제품의 장단점, 미리 알아두면 좋다?

열한 번째는 애프터 서비스(A/S) 혜택 가능성과 제품의 장단점을 미리 파악하는 것이다. A/S가 불가능한 경우도 있으니 미리 짐작하지 말고 꼭 확인해 봐야 한다. 그리고 제품의 장단점을 파악하는 것도 매우 중요하다. 재미있는 건, 내가 보는 장단점, 공장이 보는 장단점, 그리고 바이어가 보는 장단점이 모두 다를 수 있다는 것이다. 이런 시각의 차이를 인지하고 미리 파악해 둔다면 해외 바이어(수입자)들에게 제품을 설명하거나 혹시 발생할 수 있는 문제에 대응할 때 훨씬 더 효과적으로 대처할 수 있게 된다.

내 공장이 없어도 '당신'은 제조사입니다
당당히 바이어에게 말하세요

야구에서 투수가 모든 이닝을 책임지는 '완투'가 사라진 시대. 이제는 각자의 역할에 맞춰 선발과 마무리가 나뉘는 것은 당연하다. 비즈니스도 마찬가지다. 거대한 공장과 생산 라인을 직접 소유해야만 '제조사'가 될 수 있다는 생각은 이제 옛말이 되었다. 제품에 대한 권한, 즉 '브랜드'만 있다면 당신은 이미 제조사다.

"OEM과 ODM, 새로운 시대의 생산 방식!"

생산 설비에 대한 부담으로 기업들은 OEM과 ODM 방식을 통해 생산 문제를 현명하게 해결하고 있다.

- OEM(Original Equipment Manufacturing, 주문자 상표 부착 생산): 브랜드(주문자)가 제품을 기획하고 설계하면, 제조 업체는 그 설계에 따라 생산만 담당하는 방식이다. 생산은 전문가에게 맡기고, 브랜드는 마케팅과 판매에 집중할 수 있는 전략적 분업이다.
- ODM(Original Design Manufacturing, 제조자 개발 생산): 한 걸음 더 나아가, 제조 업체가 제품의 기획, 개발, 설계까지 도맡아 진행하는 방식

이다. 아이디어만 있다면 전문 제조사의 기술력을 활용해 완성도 높은 제품을 만들 수 있다.

이 두 방식의 핵심은, 생산 시설을 소유하지 않아도 제품의 최종 권한과 브랜드는 주문자에게 있다는 점이다. 마치 애플이 제품 설계를 하고 폭스콘이 생산을 전담하는 것처럼, 이제는 아이디어와 브랜드 파워가 곧 제조의 힘이 되는 시대다.

사례: K-뷰티 신화의 비밀, 화장품 OEM/ODM

"저 브랜드는 어디서 만들었을까?" 우리가 올리브영이나 온라인에서 접하는 수많은 화장품 브랜드 중 상당수는 사실 같은 공장에서 생산된다. 한국콜마, 코스맥스와 같은 세계적인 화장품 OEM/ODM 기업들은 수많은 브랜드의 제품을 탄생시키는 '브랜드 인큐베이터' 역할을 한다.

이들 기업은 뛰어난 연구개발(R&D) 능력과 생산 노하우를 바탕으로 최신 트렌드에 맞는 제품을 개발하고 제안한다. 브랜드사는 이 중에서 자사의 콘셉트에 맞는 제품을 선택해 자신들의 상표를 붙여 시장에 내놓는다. 막대한 설비 투자 없이도 고품질의 제품을 빠르게 출시하고, 오직 브랜딩과 마케팅에만 집중해 성공 신화를 쓸 수 있다.

여기서 중요한 것은 '무엇을 만드느냐'가 아니라 '누구를 위해, 어떻게 만드느냐'이다. 고객의 니즈(Needs)를 정확히 파악하고, 그에 맞는 제품을 기획할 권한과 능력만 있다면 생산은 얼마든지 아웃소싱할 수 있기 때문이다.

"당신도 제조사가 될 수 있다!"

남의 공장에서 제품을 찍어낸다고 해서 결코 유통 업체가 아니다. 제품의 기획 의도와 철학, 디자인, 그리고 최종적으로 찍히는 브랜드 로고가 당신의 것이라면, 그 제품의 주인은 명백히 당신이다. 즉, 당신이 바로 '제조사'다.

이제는 거대한 자본과 설비가 아닌, 날카로운 아이디어와 강력한 브랜딩이 비즈니스의 성패를 가른다.

"공장을 짓는 대신 당신의 브랜드를 세워라."

완투승을 고집하기보다는 최고의 마무리 투수(전문 제조사)와 손을 잡는 지혜가 필요한 때다.

Chapter 1

아는 척 말고
진짜
시작하기

99%가 놓치는 수출의 첫 단추

Part 1

나 홀로 무역, 어떻게 시작해야 할까?
무역 공부, 효율적으로 하는 법!

1. 무역, 대체 뭘까?

무역은 한마디로, 수출자와 바이어(수입자)를 서로 연결해 주는 '다리' 같은 역할을 한다. 물품(화물)을 파는 사람과 사는 사람을 이어주는 일종의 도구라고 생각하면 이해하기 쉽다. 즉, 무역은 그 이상도 그 이하도 아니다.

2. 무역 공부, 어디서부터 시작해야 할까?

무역을 시작하고 싶지만, 막상 어디서부터 손을 대야 할지 막막할 때가 많다. 무역 지식보다는 실제 경험이 중요하다고 하지만, 현실적으로 불가능에 가깝다. 그래서 처음에는 기초적인 교육을 듣는 것이 가장 효율적인 방법이라고 할 수 있다.

무역의 전체적인 흐름을 이해할 수 있는 '무역 아카데미' 같은 곳에서 기초를 다지는 게 좋다. 마치 초보 운전자가 대략적인 길을 알고 있으면 운전하기 쉬운 것처럼 말이다. 그리고 하고 싶은 무역 분야와 비슷한 강

의나 강사를 선택해야 한다. 만약, 시간과 공간이 제한적이라면 유튜브나 블로그에서 정보를 찾는 것도 좋은 방법이 될 수 있다.

3. 무역 이론, 얼마나 깊이 파고들어야 할까?

무역 공부를 시작하면 '대체 얼마나 많이 공부해야 할까?' 하는 궁금증이 생기기 마련이다. 사실 무역은 이론보다는 '실전'이 훨씬 중요하다. 그래서 기초적인 내용을 한 번 듣고 나면 바로 실제 무역에 뛰어들어 보는 것을 추천한다.

너무 많은 이론 수업만 계속 듣는 것은 시간이 아까울 수 있다. 무역 이론은 기본적인 내용이 거의 비슷해서 어떤 수업이든 큰 차이가 없기 때문이다. 필요한 지식은 실제 무역을 하면서 그때그때 찾아보고 배우는 것이 가장 효율적이라 할 수 있다.

4. 무역 창업, 무역 지식만 있으면 충분할까?

무역 창업을 꿈꾸는 예비 창업자들이 의외로 많다. 무역 창업은 무역 취업을 준비하거나 기존 업체에서 무역을 시작하는 경우와는 조금 다를 수 있다. 무역 창업의 경우에는 무역 지식보다 더 중요한 것이 있다. 바로 '아이템'과 '판로'에 대한 정확한 이해와 확보다.

아무리 무역 지식이 풍부해도 어떤 아이템을 팔아야 할지, 그리고 그 아이템을 어디에 팔아야 할지 모른다면 무역 창업은 성공하기 어렵다. 그래서 무역 창업을 준비한다면 무역 공부에 앞서 어떤 아이템으로 시작할지, 그리고 어떻게 팔 것인지 먼저 고민하고 계획하는 것이 대우 중요하다. 무역 창업은 '무역'도 알아야 하고, '창업'도 알아야 하므로 난이도가 높을 수밖에 없다.

5. 무역 공부, 더 효율적으로 할 수 있는 방법은 없을까?

무역 공부를 더욱 효율적으로 하고 싶다면 유튜브와 블로그 같은 온라인 자료가 큰 도움이 될 수 있다. 여러 전문가의 다양한 무역 접근 방식을 간접 체험할 수 있기 때문이다.

무역을 처음 시작하는 회사, 무역 취업을 준비하는 취준생 또는 무역을 처음 접한 무역 초보자라면 무역 전반을 훑을 수 있는 무역 아카데미 같은 곳이 큰 도움이 된다. 기본적인 이론만 잘 알아도 무역을 시작하는 데 전혀 부족하지 않기 때문이다. 만약, 무역 창업을 생각한다면 아이템과 판로 확보가 최우선으로 고려해야 한다는 점을 잊어서는 안 된다. 이렇게 각자의 상황에 맞춰 가장 효율적인 방법으로 무역 공부를 시작할 때, 목표에 보다 빨리 성공적으로 도달할 수 있게 된다.

Part 2

우리 회사 제품, 해외로 팔고 싶은데
어디서부터 시작해야 할까?

무역 경험이 없는 무역 초보자들은 이 부분을 특히 더 답답해할 수 있다. 바이어를 찾는다는 게 생각보다 쉬운 일은 아니다. "어디서 확실한 바이어 리스트를 얻을 수 있을까?", "누가 내 제품을 대신 팔아줄까?" 이런 고민을 많이 하게 될 수밖에 없다.

하지만 안타깝게도 이런 능력을 갖췄다고 말하는 사람들은 대부분 사기꾼일 가능성이 농후하다. 정말! 쉽게 바이어를 찾아주고, 제품을 대신 팔아준다고 하는 사람들은 조심해야 한다. 무역은 지름길이 없어서 조급하게 서두르다 보면 사기를 당하기 쉽기 때문이다. 그래서 정확한 정보를 얻고 제대로 된 방향을 처음부터 잡는 게 매우 중요하다.

1. 아마존, 이베이 같은 글로벌 오픈 마켓, 정말 수출의 지름길일까?

수출이 막막하게 느껴질 때, 무역 초보자들은 아마존 같은 글로벌 오픈 마켓을 떠올리곤 한다. 오픈 마켓에 제품을 올려두면 또 하나의 해외 판매 채널이 생기는 거라고 생각하는 것이다. 창고에 쌓인 제품들을 하나씩 판매하겠다는 가벼운 마음으로 시작하는 경우라 할 수 있다. 하지만 이런 생각이 오히려 해외 수출길을 막을 수도 있다는 사실은 인지하고 있어야 한다. 오히려 독이 될 수도 있다는 것이다.

2. 오픈 마켓에 제품 올리면 왜 손해 볼 수 있나? (가격 경쟁과 카피 문제)

오픈 마켓에 제품을 올리면 궁극적인 목표인 '바이어 찾기'가 어려워질 수 있다. 판매자가 아마존 같은 곳에 제품을 올릴 때는 가격을 정말 싸게 제시해야 한다. 그런데 만약 해외 바이어(수입자)가 우리 제품에 관심을 보여서 연락이 오면, 바이어는 이미 아마존에 있는 소비자 가격을 기준으로 생각하게 된다. 이렇게 되면 바이어가 원하는 가격을 맞혀주기 어렵고, 결국 계약까지 이어지기 힘든 구조가 된다. 여기에 제품 카피 문제도 무시할 수 없다. 해외에서 우리 제품이 잘 팔리기 시작하면, 당연히 비슷한 카피 제품들이 생겨나기 마련이다. 만약 해외에 안정적인 고정 바이어가 없는 상태라면, 상표권이나 특허권 같은 지식재산권을 우리 스스로 통제하기가 정말 어려워진다. 오히려 누군가가 더 싼 제조 공장을 찾아서 우리 제품과 똑같은 제품을 만들려고 할 수도 있다.

3. 그럼, 제조사는 어떻게 해야 해외 바이어(수입자)를 만날 수 있을까?
(B2B 전략의 중요성)

그렇다면 제조사는 어떻게 해야 해외 바이어(수입자)를 만날 수 있을까? 바로 B2B 비즈니스에 집중해야 한다. B2B는 '기업과 기업 간 거래'를 뜻한다. 구체적인 방법으로는 전시회 참가, 우리 회사 홈페이지 운영, 그리고 이메일 마케팅을 꾸준히 하는 것이다. 왕도는 없다. 정도(正道)만 있을 뿐이다.

이런 방법들은 누구나 아는 기본적인 사항 같지만, 우리 회사의 상황에 맞춰서 좀 더 효과적으로 업그레이드하고 꾸준히 노력하면 더 좋은 결과를 얻을 수 있다. 이는 단순히 제품을 홍보하는 것을 넘어, 바이어와 직접 만나 소통하고 신뢰를 쌓는 과정이 있기 때문이다.

4. 수출 성공, 정말 꾸준함이 답일까? (장기적인 관점의 중요성)

무역에는 지름길이 없다는 점을 꼭 기억해야 한다. 절대로 서두르지 않는 것이 중요하다. 조급한 마음에 쉽게 돈을 벌게 해주겠다는 사람들의 말에 속아 사기를 당하는 경우가 정말 많기 때문이다. 앞에서 말했듯이, 지름길을 이야기하는 사람들은 대부분 가짜일 가능성이 높다.

수출은 정확한 방향을 정하고, 기다리면서 꾸준히, 그리고 장기적인 관점으로 접근해야만 기회를 잡을 수 있다. 단기간에 큰 성과를 기대하기보다는, 차근차근 신뢰를 쌓고 관계를 구축해 나가다 보면 '빵' 터지는 것이 수출이기 때문이다.

Part 3

수출, 처음이라면?
성공적인 무역을 위한 6가지 핵심 준비물!

1. 첫 번째 준비물: HS 코드가 뭐지? 왜 중요할까?

HS 코드는 수출 준비의 첫 단추라고 할 수 있다. 이 코드는 전 세계적으로 통용되는 상품 분류 체계인데, 우리 제품이 어떤 종류인지 숫자로 딱 정해놓은 거로 생각하면 쉽다. 마치 물품에 주민등록번호를 붙여주는 것과 같다 할 수 있다.

HS코드가 왜 중요할까? 바로 '세금'과 '통관' 때문이다. 수입하는 나라에서는 이 HS 코드를 기준으로 그 제품에 얼마나 세금을 매길지 결정한다. 해외 바이어(수입자)들은 세금과 통관에 아주 민감하기 때문에 HS 코드가 정확해야 나중에 문제가 생기지 않는다. 즉, 필요시 관세사와 상담해서 정확한 HS 코드를 정할 필요가 있다.

2. 두 번째 준비물: 우리 회사와 제품, 어떻게 소개해야 할까?

수출을 위해서는 우리 회사와 제품을 해외 바이어(수입자)들에게 잘 소개하는 게 정말 중요하다. 마치 첫인상과 같다고 할 수 있다. 이때 필요한 것이 바로 영문 소개서, 홈페이지, 그리고 견적서다. 회사 소가서와 제품 상세 페이지는 모두 영어는 기본으로 준비해야 한다. 소개서는 한두 페이지로 간결하게 만들고, 필요하다면 내용을 복사할 수 없도록 도안 설정도 해두는 것이 좋다. 가능하다면 우리 회사나 제품을 소개하는 짧은 동영상을 준비하는 것도 좋은 방법이 된다. 견적서는 FOB 가격을 기준으로 준비해도 충분하다. 그리고 가장 중요한 것! 홈페이지는 해외 바이어(수입자)들이 우리 회사를 처음 검증하는 곳인 만큼 항상 최신 정보로 업데이트하고 잘 관리해야 한다.

3. 세 번째 준비물: 어디로 수출해야 할까? (타깃 국가 선정 노하우!)

막연하게 전 세계를 다 노릴 수는 없는 만큼 우리 제품에 딱 맞는 타깃 국가를 정하는 것이 중요하다. 타깃 국가를 정할 때는 우리 제품과 비슷한 제품들이 어떤 나라에서 잘 팔리고 있는지 기존 자료를 꼼꼼히 검토하는 것이 우선시 되는 만큼, 코트라(KOTRA)나 무역협회 같은 기관에서 제공하는 시장 보고서나 최신 트렌드 자료를 활용하면 큰 도움이 된다. 이런 정보들은 인터넷에서도 쉽게 찾아볼 수 있다. 그리고 관심있는 국가의 온라인 쇼핑몰을 검색하는 것도 좋은 방법이 된다. 일종의 시장 조사인 셈이다. 그리고 한 가지 더! 그 나라와 FTA(자유무역협정)가 맺어져 있는지, 그리고 우리 제품에 필요한 해외 인증은 무엇인지도 미리 고려해서 국가를 정하는 것이 좋다.

4. 네 번째 준비물: 해외 인증, 미리미리 준비해야 하는 이유는 뭘까?

해외 인증은 많은 기업들이 놓치기 쉬운 부분인 만큼 급하게 닥쳐서 준비하는 경우가 대부분이다. 하지만 해외 바이어(수입자)들은 인증이 없으면 아예 처음부터 우리 제품을 고려하지 않는다는 점을 명심해야 한다. 해외 인증을 받으려면 시간도 오래 걸리고 비용도 많이 들 수 있다. 그래서 이걸 주저하는 기업들도 많다. 하지만 정부에서 이런 인증 비용을 지원해 주는 사업들이 많으니 꼭 알아봐야 한다! 나라마다, 그리고 인증 종류마다 걸리는 시간과 비용이 다르기 때문에, 처음에는 비교적 짧은 시간에 쉽게 획득할 수 있는 국가의 인증부터 시작하는 것도 좋은 전략이 될 수 있다.

5. 다섯 번째, 여섯 번째 준비물: 통관과 외화 통장, 그리고 FTA 원산지 증명서!

수출에서 빼놓을 수 없는 핵심 준비물들이다. 바로 통관 고유번호, 외화 통장, 그리고 FTA 원산지 증명서다. 수출할 때는 반드시 '통관 고유번호'가 있어야 한다. 마치 해외로 물품(화물)을 보내기 위한 우리 회사의 고유번호 같은 것이다. 그리고 해외 바이어(수입자)에게 돈을 받을 때는 '외화 통장'이 꼭 필요하다. 국내 통장으로는 외화를 직접 받을 수 없기 때문이다. 마지막으로 'FTA 원산지 증명서'다. 이 증명서가 있으면 수출하는 나라에서 관세 혜택을 받을 수 있다. 원산지 증명서는 '기관 발급'과 '자율 발급' 두 가지 방식이 있는데, 아시아 국가들은 대부분 기관 발급을 요구하는 경우가 많다. 기관 발급은 자율 발급보다 조금 더 복잡하기 때문에 틈틈이 알아볼 필요가 있다.

Part 4

수출 첫걸음을 위한 준비는?
HS 코드, 제품 소개서,
회사 소개서, 홈페이지, 인증, 전시회, 특송

1. 우리 제품의 주민등록번호, HS 코드는 왜 중요할까?

수출 준비의 첫 단추는 바로 'HS 코드'를 정확히 아는 것이다. HS 코드는 마치 우리 제품의 주민등록번호와 같아서, 이걸 제대로 알아야 수출에 훨씬 유리하다. 특히, 자유무역협정(FTA) 혜택을 받거나 수입 통관을 할 때 바이어(수입자)에게 이 HS 코드가 정말 중요하게 작용한다. 만약 내 수출 품목의 HS 코드가 좀 애매하다 싶으면 혼자 고민하지 말고 꼭 관세사에게 상담을 받아보는 게 좋다. HS 코드는 해외 시장에서 우리 제품이 어떤 대우를 받을지 결정하는 중요한 기준인 만큼 점검은 필수가 된다.

2. 우리 제품, 어떻게 하면 해외 바이어(수입자)에게 매력적으로 보일까? (제품 소개서 & 회사 소개서)

해외 바이어(수입자)의 마음을 사로잡으려면 제품 소개서와 회사 소개서가 정말 중요하다. 영문으로 된 제품 상세 페이지는 기본 중의 기본이고,

제품 동영상이 있다면 금상첨화가 된다. 제품 가격을 제시할 때는 FOB와 MOQ(최소 주문 수량)를 기준으로 수량에 따른 가이드라인을 명확하게 표기해야 한다. 여기서 중요한 건 가격표에 유효 날짜를 표시하는 것이다. 그래야 나중에 원가가 올랐을 때 발생할 수 있는 문제에 미리 대비할 수 있다. 제품의 장점만 부각하기보다는 국내외 기관으로부터 수상한 내용이나 인증 같은 객관적인 자료를 함께 보여주는 것이 훨씬 신뢰감을 줄 수 있다. 회사 소개서는 제품 소개서와 한 세트라고 생각하면 된다. 바이어(수입자) 입장에서는 이 회사가 갑자기 사라질 회사인지, 아니면 장기적으로 함께 비즈니스를 할 수 있는 믿을 만한 회사인지 반드시 알아야 한다. 만약 해외 현지 마케팅, 영업, 광고까지 다 준비했는데, 갑자기 수출자의 제품 공급에 문제가 생기면 엄청난 손실을 보게 되기 때문이다. 그래서 회사 소개서를 준비할 때는 무엇보다 '신뢰'를 강조하고, 객관적인 자료를 첨부하는 것이 아주 중요하다. 무역 대금을 보낼 때도 신뢰가 없으면 쉽지 않다는 점, 꼭 기억해야 한다.

3. 우리 회사의 얼굴, 홈페이지는 왜 항상 업데이트되어야 할까?

홈페이지는 해외 바이어(수입자)가 우리 회사를 처음 '검증'하는 단계라고 할 수 있다. 우리가 가장 많이 사용하는 영업 방식 중 하나가 바로 메일링이다. 특정 바이어(수입자)를 대상으로 보내기도 하고, 불특정 다수에게 보내기도 하지만, 공통적인 목적은 딱 하나! 바로 그 메일을 통해 바이어(수입자)가 우리 회사 홈페이지에 방문해서 제품과 회사를 꼼꼼히 검토하게 하는 것이다. 한 번 만들어놓고 방치하는 것이 아닌 항상 새롭게 업데이트하는 것이 필요하다. 바이어(수입자)가 방문했을 때 최신 정보가 없거나 관리가 안 된 홈페이지는 결코 신뢰를 줄 수 없다는 점, 명심해야 한다.

4. 해외 수출, '인증' 없으면 꿈도 못 꾼다? (해외 인증 & 바이어(수입자) 발굴)

해외 인증은 수출의 필수 조건이라고 해도 과언이 아니다. 아무리 좋은 제품이고 차별화된 스펙을 가지고 있다고 해도 해당 지역의 인증이 없으면 아예 통관 자체가 불가능하게 된다. 그래서 제품을 개발하는 단계부터 '어떤 해외 인증이 필요할까?'를 미리 고려해야 나중에 쉽고 편하게 수출을 진행할 수 있다. 수출 초보 기업이라면 적절한 바이어(수입자)를 찾고 컨택하는 것이 정말 부담스러울 수 있다. 이때는 무작정 시작하기보다 내가 제품을 팔고 싶은 국가를 먼저 정하고, 그 국가에서 내 제품과 비슷한 제품을 온라인에서 취급하는 업체들부터 하나씩 연락해 보는 것이 좋은 방법이 될 수 있다.

5. 해외 바이어(수입자), 어디서 만나야 할까? (전시회 활용법)

해외 바이어(수입자)를 발굴하는 방법은 크게 온라인과 오프라인으로 나눌 수 있다. 온라인 방법은 해외 타깃 국가에서 현재 온라인상에 팔고 있는 업체에 컨택하는 방법이 대표적이다. 일본에 진출한다면 '라쿠텐'에서 현재 판매하는 셀러에게 컨택하는 식이다. 오프라인에서 바이어(수입자)를 만나는 대표적인 방법은 바로 '전시회 참가'다. 전시회는 '가성비 갑'이라고 불릴 만큼 다양한 장점을 가지고 있다. 아직 바이어(수입자)가 없는 기업에는 해외 바이어(수입자)를 발굴할 수 있는 아주 좋은 기회가 되고, 이미 바이어(수입자)가 있는 기업에는 기존 관계를 확대하는 데 매우 중요한 역할을 한다. 현장에서 직접 제품을 보여주고 소통하면서 바이어(수입자)와 깊은 관계를 맺을 수 있는 최고의 기회라고 할 수 있다. 이런 현장 소통의 장점은 수출 상담회도 가지고 있기 때문에 전시회와 수출 상담회는 해외 진출에 큰 도움이 된다.

6. 샘플 하나 보내는데도 전략이 필요하다? (특송업체 선정)

해외 바이어(수입자)에게 샘플을 보내거나 수출 서류를 보낼 때 DHL 같은 특송업체를 자주 이용하게 된다. 특송업체는 빠르고 안전하다는 장점이 있지만, 그만큼 비용이 비싸다는 단점도 있다. 그래서 처음부터 DHL만 고집하기보다는, 비교적 저렴한 국제 택배사나 EMS 같은 대안들을 미리 알아보고 세팅해 두는 것이 중요하다. 상황과 예산에 맞춰 적절한 특송업체를 선택하는 지혜가 필요하다.

7. 수출 성공, 이제 당신도 할 수 있다

HS 코드 분류, 제품/회사 소개서 준비, 홈페이지 관리, 해외 인증과 바이어(수입자) 발굴, 전시회 참가, 그리고 특송업체 선정까지! 이 모든 준비는 결국 해외 시장에서 우리 회사의 '신뢰'를 쌓고 꾸준히 성장하기 위한 필수 과정이 된다. 처음에는 어렵고 막막하게 느껴질 수 있지만, 하나하나 차근차근 준비하다 보면 무역 초보자라도 충분히 수출 성공의 주인공이 될 수 있다.

Part 5

해외 바이어(수입까)는 당신의
'강남 사무실'에 관임 없습니다!

   비즈니스 미팅의 시작은 명함 교환이다. 잘 디자인된 명함 한 장에 회사의 정체성과 신뢰를 담아 건넨다. 그런데 혹시 당신의 명함을 받아 든 상대방이 국내 바이어인지, 해외 바이어(수입자)인지에 따라 유심히 살펴보는 부분이 완전히 다르다는 사실을 알고 있는가? 많은 이들이 가장 기본적이지만 가장 쉽게 간과하는 이 차이 때문에 잠재적인 수출 기회를 놓치고 있을지도 모른다. 해외 바이어(수입자)는 당신의 전화번호나 주소를 보지 않는다. 그들에게는 아무 의미가 없기 때문이다. 그렇다면 그들은 대체 무엇을 보고 당신이라는 파트너를 1차적으로 판단하는 걸까?

1. 국내 바이어의 시선: "사무실이 어디에 있어요?"

   국내 비즈니스 환경에서 명함 속 '주소'는 단순한 위치 정보 이상의 의미를 가진다. 우리는 무의식적으로 상대방의 사무실 주소를 보며 회사의 규모나 안정성을 가늠하곤 한다.

"아, 강남에 계시는군요."

이 한마디에는 '어느 정도 자리를 잡은 탄탄한 회사겠구나.'라는 긍정적인 인식이 깔려있다. 사무실의 지리적 위치가 곧 회사의 신용도를 대변하는 하나의 지표로 작용하는 것이다. 이처럼 국내 바이어에게는 '어디에 있는가'가 중요한 첫인상 요소가 된다.

2. 해외 바이어(수입자)의 냉철한 판단: "당신의 디지털 주소는 무엇입니까?"

하지만 바다 건너 해외 바이어(수입자)의 관점은 180도 다르다. 미국 뉴욕에 있는 바이어에게 '서울특별시 강남구 테헤란로'라는 주소는 아무런 감흥을 주지 못한다. 그들은 어차피 그곳에 가볼 수도 없고, 그 주소가 어떤 의미인지도 알지 못하고 관심도 없다. 전화번호 역시 마찬가지다. 그들이 명함이나 이메일 서명에서 가장 먼저, 그리고 가장 유심히 확인하는 것은 바로 이 두 가지다.

이메일 주소(Email Address) 와 홈페이지 주소(Website URL)

이 두 가지가 바로 해외 시장에서 당신의 회사를 증명하는 '디지털 주소'이자 '디지털 본사'다. 해외 바이어(수입자)는 이 두 가지를 통해 당신의 회사가 실재하는지, 전문성을 갖추었는지, 신뢰할 만한지를 순식간에 판단하고 바로 검색한다. 만약 당신의 이메일 주소가 @naver.com이나 @gmail.com과 같은 포털 무료 이메일이라면, 바이어는 당신을 개인 판매상이나 신뢰하기 어려운 소규모 업체로 여길 가능성이 높다. 반면, sales@mycompany.com과 같이 회사 고유의 도메인을 사용한 이메일 주소는 그 자체로 "우리는 체계를 갖춘 전문 기업입니다."라는 강력한 메시지를 전달한다.

홈페이지는 더 말할 것도 없다. 홈페이지는 24시간 운영되는 당신의 온라인 쇼룸이자 글로벌 영업사원이다. 바이어는 홈페이지를 방문해 당신이 어떤 회사인지, 어떤 제품을 취급하는지, 어떤 기술력을 가졌는지 꼼꼼히 살펴본다.

3. 지금 당장 당신의 명함을 확인해 보자

해외 시장의 문을 두드리고 있다면 지금 바로 당신의 명함과 이메일 서명을 꺼내 보자. 그리고 스스로에게 질문을 던져보자.

- 나는 해외 바이어(수입자)에게 신뢰를 주는 '디지털 주소'를 가지고 있는가?
- 나의 이메일은 전문성을 보여주는가, 아니면 아마추어처럼 보이게 하는가?
- 나의 홈페이지는 낯선 외국 바이어를 안심시키고 설득할 만큼 충분한 정보를 담고 있는가?

국내 시장의 관성에 젖어 해외 바이어(수입자)가 중요하게 생각하는 기본을 놓치고 있지는 않은지 반드시 점검해야 한다. 당신의 비즈니스를 증명하는 것은 멋진 사무실 주소가 아니라, 잘 관리된 당신의 '디지털 신분'이기 때문이다.

Part 6

수출 대행사에게 맡기면
당신이 '토사구팽' 당하는 이유

1. 수출 대행사에 맡기면 왜 100% 후회할까?

큰 꿈을 안고 시작한 수출. 하지만 막상 부딪혀보니 언어의 장벽, 복잡한 서류, 막막한 바이어 발굴까지… 포기하고 싶은 순간이 한두 번이 아닐 것이다. 바로 그때, "저희에게 맡겨만 주십시오. 알아서 다 뚫어드립니다."라고 말하는 무역회사나 에이전트의 등장은 가뭄의 단비처럼 느껴진다. 하지만 그 달콤한 제안이 결국 당신의 사업을 통째로 집어삼킬 '독이 든 사과'일 수도 있다는 사실을 알아야 한다.

"수출 대행사는 수출 전문가이기 때문에 나보다 훨씬 더 잘할 것이다!"

많은 대표님들이 '전문가'에게 맡기면 더 빠르고 확실할 것이라고 믿는 경향이 있다. 하지만 그 믿음의 끝에는 대부분 쓰디쓴 배신감이 기다리고 있다. 그들은 당신의 성공을 위해 일하지 않는다. 그들은 오직 자신의 이익을 위해 당신을 '이용'할 뿐이다.

그들의 작동 방식은 교묘하다. 즉, 여러분 덕에 바이어를 세팅한 것이다. 그런데 그다음부터 여러분은 의미가 없다. 그저 여러 옵션 중 하나(One of them)일 뿐이다. 그들은 당신의 좋은 제품을 '미끼' 삼아 그토록 뚫기 어려웠던 해외 바이어(수입자)와의 거래를 성사시킨다. 관계가 한번 형성되고 나면 그들에게 당신은 더 이상 유일한 존재가 아니다. 이제 그 바이어에게는 당신의 제품이 아닌, 더 싸고 마진이 많이 남는 다른 회사의 비슷한 제품을 얼마든지 제안할 수 있게 된 것이다. 당신은 결국 사냥이 끝난 뒤 버려지는 사냥개, 즉 '토사구팽(兔死狗烹)' 신세가 되고 만다.

1) 당신이 '토사구팽' 당하는 과정(사례)

프리미엄 떡볶이 밀키트를 개발한 이 대표의 이야기를 들어보자.

1단계: 구세주의 등장

국내 시장에서 반응이 좋자, 이 대표는 미국 수출을 결심하고 한 무역 에이전트와 계약했다. 에이전트는 놀라운 수완을 발휘해 3개월 만에 LA의 한인 마트 체인과 첫 수출 계약을 성사시켰다. 이 대표는 "역시 전문가는 다르다."라며 에이전트를 전적으로 신뢰하기 시작했다.

2단계: 미묘한 신호들

몇 차례 순조롭게 수출이 진행되던 어느 날부터 에이전트는 "바이어가 가격 인하를 계속 요구한다.", "요즘 경기가 안 좋다."며 납품가를 깎으려 했다. 물량을 늘려주겠다는 약속에 이 대표는 어쩔 수 없이 마진을 줄여가며 공급했다.

3단계: 갑작스러운 이별 통보

1년쯤 지났을까? 에이전트는 "바이어가 더 이상 주문을 하지 않는다.

다른 곳을 알아보겠다."라며 갑자기 거래 중단을 통보했다. 어렵게 뚫은 유일한 수출길이 막힌 이 대표는 눈앞이 캄캄해졌다.

4단계: 충격적인 진실

몇 달 뒤, 이 대표는 미국 출장길에서 충격적인 사실을 마주한다. 자신이 거래했던 바로 그 LA의 한인 마트에서 자신의 제품과 패키지까지 거의 흡사한 다른 회사의 떡볶이 밀키트가 팔리고 있는 것을 발견한 것이다. 수소문 끝에 알아낸 사실은 더욱 기가 막혔다. 그 제품을 공급한 것은 다름 아닌 자신과 계약했던 바로 그 에이전트였다.

에이전트는 이 대표의 제품으로 시장의 문을 연 뒤, 더 싼 가격에 제품을 공급해 줄 다른 제조업체를 찾아 이 대표를 버리고 갈아탔던 것이다. 이 대표는 자신의 제품과 노력으로 남 좋은 일만 시켜준 꼴이 되었다.

2) '자생력', 당신의 사업을 지키는 유일한 길

이 대표의 이야기가 남의 일 같아 보일 것이다. 그러나 절대 그렇지 않다. 지금 이 순간에도 수많은 중소기업들이 비슷한 일을 겪고 있기 때문이다. 그렇다면 어떻게 해야 할까? 답은 하나다. 힘들고 오래 걸리더라도 당신만의 '자생력'을 키워야 한다. 바이어와의 관계는 직접 만들자. 중간에 누군가를 끼우는 순간, 그 관계는 당신의 것이 아니다.

> 당신의 제품을 대체 불가능한 존재로 만들자. 끊임없이 소통하며
> 왜 '당신의 제품'이어야만 하는지를 바이어에게 각인시켜야 한다.
> 하나의 유통 채널에 의존하지 말자.
> 직접 발로 뛰어 두 번째, 세 번째 판로를 계속해서 개척해야 한다.

Part 7

'호구' 잡히기 싫다면,
'아낌없이 주는 나무'는 이제 그만!

드디어 성사된 첫 해외 바이어(수입자)와의 화상 미팅. 심장이 터질 듯 긴장되지만, 이번 기회를 놓칠 수는 없다. "가격을 10%만 깎아줄 수 있나요?", "결제 조건을 우리 요구대로 해줄 수 있나요?" 바이어의 모든 요청에 당신은 혹시 계약이 깨질까 두려워 "네, 네, 물론입니다!"를 외치고 있지는 않은가?

첫 거래를 성사시키고 싶은 간절한 마음에, 많은 초보 수출가들은 '아낌없이 주는 나무'가 되기를 자처한다. 그러나 결과적으로 그런 쾌도는 미덕이 아니라, 스스로를 '호구'로 만드는 지름길이 된다.

> "첫 거래니까 아낌없이 주는 나무처럼 막 퍼주려고 하는데, 안 되요.
> 더 뺏어 가요. 양보는 미덕이 아닙니다."

바이어 협상은 단순히 물품(화물)값을 정하는 자리가 아니다. 앞으로 이어질 길고 긴 비즈니스 관계의 '룰'을 정하는 첫 번째 무대다. 이 무대에서 당신이 보여주는 태도가 곧 당신 회사의 품격과 제품의 가치를 결정한다.

1. Give & Take: 하나를 주면, 반드시 하나를 받아라

협상의 가장 기본 원칙은 '기브 앤 테이크'다. 이는 단순히 주고받는 행위를 넘어, 양보의 '가치'를 교환하는 전략이다.

"하나를 주면 반드시 하나를 받던가, 상응하는 대가를 받아야 한다."

바이어가 가격 할인을 요구한다면 덥석 수락하는 대신 역제안을 던져야 한다.

- 나쁜 협상: "10% 할인해 달라고요? 네, 첫 거래니까 특별히 해드리겠습니다."
- 좋은 협상: "10% 할인은 어렵지만, 만약 초도 주문량을 5,000개 이상으로 늘려주신다면 대량 생산에 따른 원가 절감 효과가 있으니 5% 할인을 긍정적으로 검토해 보겠습니다."

가격을 '양보'하는 대신, 주문 '물량'이라는 대가를 받아내는 것이다. 이렇게 하면 당신은 단순히 가격을 깎아주는 약한 공급업체가 아니라, 합리적인 제안을 할 줄 아는 비즈니스 파트너로 격상된다.

2. '명분 없는 양보'는 당신의 품격을 떨어뜨린다

왜 이유 없는 양보가 위험할까? 명분 없는 양보는 바이어에게 두 가지 나쁜 신호를 주기 때문이다.

"처음 부른 가격에 거품이 많았구나."

"조금만 더 압박하면 더 많은 것을 내주겠구나."

실제로 보면, 명분 없는 양보는 역효과 나는 경우가 의외로 많다. 오히려 좀 깐깐하게 나오는 게 도움이 될 수 있다.

당신이 지켜야 할 가격과 조건은 당신 제품의 가치와 기술력에 대한 자신감의 표현이다. 쉽게 무너지는 모습은 제품과 회사 전체의 신뢰도를 깎아내린다.

3. 사례로 보는 협상 전략의 극명한 차이

[실패 사례] '호구' 잡힌 김 대표

상황
화장품을 제조하는 김 대표는 폴란드 바이어와의 첫 협상에서 계약 성사에만 급급했다.

협상 과정
바이어는 ①15% 가격 할인, ②결제 조건 변경(선수금 30% → 10%), ③현지 마케팅용 샘플 500개 무상 제공을 요구했다. 김 대표는 모든 것을 수락했다.

결과
첫 거래는 손익분기점을 겨우 맞추는 수준이었다. 더 큰 문제는 두 번째 거래였다. 바이어는 "지난번에도 해줬으니…."라며 더 큰 폭의 할인과 더 나쁜 결제 조건을 당연하게 요구했고, 김 대표는 끌려다니다 결국 수익성이 없어 거래를 중단해야 했다.

상 황
산업용 필터를 수출하는 박 대표는 똑같은 요구를 받았다.

협상 과정
가격 할인: "15%는 어렵습니다. 하지만 연간 독점공급 계약을 체결해 주신다면 장기 파트너십의 의미로 7%를 제안합니다."– Give: 가격 할인 / Take: 독점 계약

결제 조건
"선수금 10%는 생산자금 확보가 어렵습니다. 대신 주문 확정 후 3일 내 선수금 30%를 입금해 주시면, 저희가 항공 운송비의 50%를 지원해 납기를 앞당겨 드리겠습니다."– Give: 운송비 지원 / Take: 신속한 선수금 확보

샘플 제공
"무상 샘플은 50개까지 가능합니다. 500개가 필요하시다면 원가 수준에서 공급해 드릴 수 있습니다."– 원칙을 지키며 합리적 대안 제시

결 과
박 대표는 핵심 이익을 지키면서도 바이어에게 합리적인 파트너라는 인상을 주었다. 바이어는 박 대표의 전문성을 신뢰하게 되었고, 이는 더욱 견고하고 수익성 높은 장기 거래의 초석이 되었다.

바이어 협상 테이블에서 당신은 을(乙)이 아니다. 동등한 비즈니스 파트너다. 첫 거래라는 이유로, 계약이 아쉽다는 이유로 쉽게 모든 것을 내주지 마라. 당신의 모든 양보에는 합당한 '명분'과 그에 상응하는 '대가'가 있어야 한다.

깐깐해지는 것을 두려워하지 마라. 당신의 그 '깐깐함'이 바로 당신 회사의 품격과 제품의 가치를 지키는 가장 강력한 무기가 된다.

Chapter 2

당인의 이메일은
왜 휴지통으로
직행하는가?

'진짜 바이어'를 만나는 기술

Part 1

해외 바이어(수입자), 어떻게 찾을 수 있을까?
수출 초보자를 위한 핵심 전략!

1. 첫 번째 방법: 매일매일 이메일 보내기, 효과가 있을까?

무작정 수많은 잠재 바이어(수입자)에게 이메일을 보내는 것보다 훨씬 효과적인 방법이 있다. 바로 각 지역의 수출 지원 기관을 활용하는 것이다. 경기도, 서울시, 전라북도 등 지역마다 수출을 지원하는 기관(ex: SBA, GBSA)이 있는데, 이곳에 문의하면 보유하고 있는 바이어(수입자) 리스트를 받을 수 있다. 여기에 관공서의 해외 지사에 문의하는 것도 좋은 방법이 된다. 이렇게 확보한 리스트는 불특정 다수에게 보내는 이메일보다 훨씬 성공률이 높다. 타깃 국가의 경제 관련 기관에 직접 문의 하는 방법도 있고 해외 현지 지역 또는 국가에서 현재 판매 중인 셀러에게 직접 연락하는 것도 좋은 방법이 된다. 이것은 마치 잘 조사된 타깃에게 정확한 메시지를 보내는 것과 같기 때문에 구글을 통한 불특정 다수에게 보내는 것보다 훨씬 효과적이다.

2. 두 번째 방법: B2B 플랫폼에 우리 제품을 올려본다면?

중소벤처기업부를 비롯한 여러 기관이 운영하는 글로벌 B2B 플랫폼에 우리 제품을 등록하는 방법이 있다. 이곳에 제품을 올려놓으면 해외 바이어(수입자)들이 직접 여러분의 제품을 보고 연락을 해올 수도 있다. 마치 온라인 쇼핑몰에 내 가게를 여는 것과 같다. 전 세계 바이어(수입자)들이 내 제품을 찾아볼 수 있으니, 아주 편리하고 효과적인 방법이 될 수 있다.

3. 세 번째 방법: 해외 바이어(수입자) 상담회, 꼭 참여해야 할까?

수출 지원 기관에서 주관하는 바이어 상담회에 참여하는 것은 정말 중요한 기회다. 이곳에서 직접 해외 바이어(수입자)들을 만나 우리 제품을 홍보하고 계약을 맺을 기회를 가질 수 있기 때문이다. 한 번의 만남으로 바로 계약이 성사되기는 어렵지만 꾸준히 참여한다면 기회는 열려 있다. 그리고 그들을 통해 현지 시장의 생생한 정보를 얻을 수도 있다. 상담 준비를 철저히 해서 현지 시장 정보를 얻고, 나의 제품이 현지 시장어 어떻게 맞춰질 수 있는지 고민하면 효과를 극대화할 수 있다.

4. 네 번째 방법: 전시회에 참가하면 어떤 점이 좋을까?

전시회는 수출을 생각하는 기업에 영업과 마케팅 면에서 정말 중요한 부분이다. 무역 전문가들도 전시회를 '가성비 갑'으로 꼽을 정도로 효과적이라고 생각한다. 각 지역의 수출 진흥원에서 주관하는 공동 전시회를 통해 경험을 쌓고, 나중에는 독립 부스를 운영하며 매출을 극대화하는 사례가 많다. 전시회는 마치 큰 박람회에 참가해서 내 제품을 더대적으로 홍보하는 것과 같다. 많은 바이어들이 정해진 기간에 한자리에 모이기 때문에 짧은 시간 안에 많은 사람들에게 제품을 알릴 수 있는 절호의 기회가 된다.

5. 전시회 참가, 왜 그렇게 중요할까?

해외 바이어(수입자)들이 수출 업체를 검증하는 가장 기본적인 단계가 홈페이지와 전시회 참가 여부다. 쉽게 말해, 바이어들은 여러분의 회사가 믿을 만한 곳인지 확인하기 위해 온라인에서는 홈페이지와 오프라인에서는 전시회 참가 이력을 꼭 확인한다는 뜻이다. 전시회에 참가하지 않으면 계약을 맺는 것이 현실적으로 몹시 어렵다. 그러니 수출을 생각한다면 홈페이지를 잘 만들고 전시회에 꾸준히 참여해서 바이어(수입자)들에게 신뢰를 주는 것이 필요하다.

6. 바이어(수입자)를 만날 때, 어떤 준비를 해야 할까?

아무리 좋은 제품이라도, 처음 만난 바이어와 즉석 계약이 성사되기는 어렵다. 즉, 계약만 생각하고 바이어를 만나서는 안 된다는 것이다. 수출자 측면에서 보면 바이어 상담은 단순히 제품을 파는 자리가 아니라, 현지 시장 정보를 얻고 관계를 구축하는 자리라고 생각해야 한다. 상담 전에 현지 시장 트렌드, 경쟁사 제품, 바이어의 관심사 등을 미리 조사해서 철저히 준비해야 한다. 예를 들어, 바이어가 주로 취급하는 제품군이나 현재 어떤 종류의 제품을 찾고 있는지 미리 파악해 가면 훨씬 더 효과적인 상담을 할 수 있다.

7. 수출 성공을 위한 마지막 조언: 꾸준함이 답이다!

　해외 바이어(수입자)를 발굴하는 일은 단번에 이루어지지 않는다. 오히려 짧은 시간에 찾는 방법이 있다면 그건 '사기'라고 볼 정도다. 마치 씨앗을 심고 물을 주며 기다리는 것처럼, 꾸준한 노력과 인내가 있어야 한다. 돈도 필요하고 시간도 필요하다. 앞에서 알려드린 방법들을 꾸준히 시도하고, 매번 피드백을 통해 개선해 나가는 것이 중요하다. 처음에는 어렵게 느껴질 수 있지만, 포기하지 않고 꾸준히 노력한다면 분명 좋은 결실을 볼 수 있을 것이다.

Part 2

해외 판로!
B2B가 좋을까? vs B2C가 좋을까?

1. 바이어(수입자) 찾기, 어떤 '방향성'이 중요할까?

해외 바이어(수입자)를 찾는 것에 관해 이야기할 때, 많은 사람들이 '제품이 좋아야 한다', '인증서가 중요하다', '가격이 싸야 한다' 같은 말들을 많이 한다. 물론 이런 요소들도 중요하다. 하지만 사실 가장 중요한 것은 앞서 말한 대로 바로 '방향성'이다. 여러분의 비즈니스를 B2B(기업 대 기업)로 가져갈지, B2C(기업 대 소비자)로 가져갈지 결정해야 한다. 게다가, 내가 직접 만든 제품을 팔 것인지, 아니면 다른 회사의 제품을 유통할 것인지도 명확히 해야 한다. 이러한 큰 방향을 먼저 정해야 바이어(수입자)를 찾는 구체적인 전략을 세울 수 있다.

2. 내 제품이 있다면 B2B판로는 어떻게 해야 하나?

만약 여러분이 직접 생산한 제품을 가지고 있다면, 주로 B2B 방식을 통해 해외 바이어(수입자)를 찾게 된다. B2B 바이어(수입자)를 찾는 대표적인 방법으로는 여러 가지가 있다. 먼저, 해외 B2B 사이트에 제품을 등록하고 홍보하는 방법이 있다. 또한, SNS 마케팅을 활용해서 잠재 바이어(수입자)를 찾아 나서는 것도 좋은 방법이다. 여러 기관에서 제공하는 바이어(수입자) 상담회나 마케팅 지원 사업을 활용하는 것도 효과적이다. 마지막으로, 국내외에서 열리는 전시회에 직접 참여하여 바이어(수입자)와 만나는 방법도 있다. 이런 다양한 방법들을 통해 내 제품을 해외 바이어(수입자)들에게 소개할 수 있고 홍보할 수 있으며 계약으로 이어질 수도 있다.

3. B2B 방식, 정말 효과적일까?

앞서 언급된 B2B 방식들은 모두 알려진 정보다. 엄청난 노하우가 숨어 있는 것이 아니다. 이름난 수출 전문가나 해외 판로 전문가들도 이 틀에서 크게 벗어나지 못한다. 특히 중소기업의 경우, 가성비를 따져보면 선택지가 많지 않다는 현실적인 어려움도 있다. 해외 바이어(수입자)를 찾는 방법 중에 '전시회'는 꾸준히만 한다면 가장 효과적인 방법 중 하나다. 하지만 그 외의 방법들을 보면 초기에는 제품을 열심히 업로드하고, 업체 리스트를 보고 이메일을 보내고, SNS 마케팅이나 광고도 활발히 진행하곤 하지만, 안타깝게도 이런 활동들이 그때만 잠깐 관심을 끌 뿐, 실제 계약이나 주문으로 이어지지 않는 경우가 많다. 심지어 제품을 그대로 베끼는 업체들이 생기거나 불필요한 중간 브로커가 끼어들기도 하고, 덤핑을 시도하는 경우도 많아서 조심할 필요는 있다. 실제 경험담을 들어보면, 정말 괜찮은 바이어(수입자)들은 이런 방식으로는 접근하지 않는다고 하니, 신중한 접근이 필요하다.

4. 내 제품이 있다면 B2C로 해외 판매는 어떨까?

그렇다면 내가 만든 제품을 가지고 B2C(글로벌 오픈마켓) 방식으로 판매하는 것은 어떨까? 만약 여러분의 제품이 한두 개 정도만 있다면 이 방식은 그다지 효과적이지 않을 수 있다. 글로벌 오픈마켓의 특성상 가격 경쟁이 매우 치열하고, 유행에 빠르게 대응해야 하는 특성이 있기 때문이다. 이런 시장에서는 내 제품보다는 다른 회사의 다양한 제품들을 빠르게 유통하는 것이 더 유리하다. 즉, 제조사보다는 유통회사가 글로벌 오픈마켓에 더 최적화되어 있다고 볼 수 있다. 만약 제조사가 글로벌 오픈마켓을 통해 해외 바이어(수입자)를 찾으려 한다면 '가격'과 '모방'이라는 큰 위험에 직면할 수 있다. 바이어(수입자)들은 이미 오픈마켓에 진출한 제품의 가격을 보고 역산하기 때문에, 가격을 맞추기가 현실적으로 정말 어렵다. 또한, 제품 정보가 해외 공장에도 쉽게 노출되어 유사 제품이 바로 출시될 위험도 크게 된다.

5. 내 제품이 없다면 유통회사는 어떻게 해외 진출해야 할까?

만약 여러분이 직접 제품을 제조하지 않고, 순수하게 유통만을 하는 회사라면 해외 진출 방법은 조금 달라져야 한다. 제조사가 아니기 때문에 가격 경쟁을 제외한다면 다양한 제품을 빠르게 해외 시장에 선보일 수 있다는 장점이 있다. 유통 회사는 몸이 가볍기 때문에 다양한 제품을 쉽게 올리고 내리고, 판매량을 조절하는 것이 가능하다. 즉, 이런 유연함을 살려서 어떻게 하면 해외에 제품을 잘 판매할 수 있는지가 관건이 된다. 하지만 주의할 점도 있다. 내 제품이 아니기 때문에 언제든 제조사로부터 '배신'이 발생할 수 있고, 해외 대형 바이어(수입자)들은 특허나 인증,

독점 같은 이유로 제조사와의 직접 거래를 선호한다는 점이다. 이런 이유로, 유통회사는 B2B보다는 B2C, 즉 글로벌 오픈마켓을 통한 진출이 더 적합하다고 할 수 있다.

6. 결국, 어떤 방법이 가장 좋을까?

결론적으로, 해외 바이어(수입자)를 찾는 가장 좋은 방법은 여러분의 비즈니스 형태에 따라 달라진다. 만약 여러분이 제품을 직접 생산하는 '제조사'라면, 전시회 활동을 통한 B2B 방식이 가장 효과적이라고 할 수 있는데 바이어(수입자)와 직접 만나 제품을 설명하고 신뢰를 쌓는 것이 중요하기 때문이다. 반대로, 제품 없이 유통만을 담당하는 '무역회사'라면 글로벌 오픈마켓을 통한 B2C 방식이 가장 최적의 선택이 될 수 있다. 다양한 제품을 빠르게 선보이고, 유연하게 시장에 대응할 수 있다는 장점을 살릴 수 있기 때문이다. 결국, 어떤 방식이든 여러분의 상황에 맞는 최적의 방법을 선택하고 꾸준히 노력하는 것이 절실하다.

Part 3

"바이어 찾아드립니다!"
이 말, 정말 믿어도 될까?

수출을 꿈꾸는 많은 '무린이'들에게 가장 솔깃한 말이 있다. 바로 "바이어를 찾아드립니다!"라는 말이다. 짧은 시간 안에 수출을 시작하고 싶은 기업으로서는 정말 가뭄의 단비 같은 소리임은 틀림없다. 이런 말들을 들으면 당장이라도 수출의 길이 열릴 것 같은 기분이 들지만, 여기서 우리가 꼭 알아야 할 중요한 사실이 있다.

'바이어 발굴'과 '바이어 계약'은 같은 말일까? 만약 그렇다면 당신은 여러 번 속고 있는지도 모른다. 안타깝게도 많은 제조사나 수출 초보 기업들이 이 둘을 똑같이 본다. 하지만 이 둘은 엄연히 다른 개념이다. 우리가 흔히 듣는 '바이어 발굴'이라는 말만으로는 실제 수출 계약까지 이어지기 어려운 현실적인 이유가 있기 때문이다.

1. 바이어 발굴과 계약, 같은 말 아니었어?

많은 이들이 '바이어 발굴'과 '바이어 계약'을 혼동한다. 그러나 이 둘은 정말 다른 개념이다. 바이어를 '찾는 것'과 바이어와 '실제로 계약을 맺는 것'은 하늘과 땅 차이다. 누군가가 어떤 아이템이든 쉽게 바이어를 발굴 및 계약할 수 있다면 굳이 정보를 공유할 필요 없이 직접 매일해서 팔면 되는데, 바이어 리스트만 제공하는 이유는 왜일까?

다시 말해서, 바이어 발굴은 말 그대로 바이어 계약을 위한 과정일 뿐이다. 어떤 시스템이나 온라인 프로그램을 통해 바이어를 찾았다고 해도, 그게 바로 수출 계약으로 이어진다는 보장은 없다는 것이다. 실제로 수출 계약까지 가는 길은 훨씬 더 복잡하고 섬세한 과정이 필요하다. 그래서 바이어를 찾아준다는 말만 믿고 섣부르게 판단하면 안 된다.

2. 수출 계약의 진짜 핵심은 무엇일까?

수출 계약의 진짜 핵심은 바로 '무역 대금', 특히 T/T(Telegraphic Transfer) 조건에 달려 있다. 더 구체적으로는 '선수금과 잔금을 언제, 얼마나 받느냐'가 정말 중요하다. 단순히 바이어 리스트 갖고 메일로 컨택해서 내 제품 좋으니 우선 돈부터 보내세요? 라고 하면 돈 보내 주는 바이어가 있을까? 처음 보는 상대방에게 누가 선뜻 큰돈을 먼저 보낼 수 있을까? 쉽지 않은 일이다.

이처럼 무역 대금 조건은 단순히 돈을 주고받는 것을 넘어, 서로에 대한 신뢰를 바탕으로 한다. 따라서 오랜 시간에 걸쳐 신뢰를 쌓고 꾸준히 관계를 유지하지 않으면 수출 계약 자체를 맺기가 매우 어렵다. 눈에 보이는 바이어 발굴보다 더 중요한 것이 바로 이 '신뢰' 관계인 셈이다.

3. 그럼, 성공적인 수출을 위해선 무엇이 필요할까?

성공적인 수출의 핵심은 '시간을 투자하며 버틸 수 있느냐?' 여부다. 무역 실무나 무역 영어는 물론 필요하다. 하지만, 수출의 핵심은 좋은 바이어를 찾는 것에 있다. 그러나 그런 바이어를 찾고 그들과 계약을 맺는 과정은 결코 단기간에 이루어지지 않는다.

수출은 장기적인 마라톤과 같다. 지름길을 통한 단기적인 성과에만 집중하기보다는, 꾸준히 신뢰를 쌓고 관계를 유지해 나가는 것이 훨씬 중요하다. 수출은 시간을 들여 천천히 성장하는 것이 진정한 성공의 비결이다.

Part 4

바이어 리스트만 있으면 수출 대박?
천만에요!

"바이어 리스트만 확보하면 수출은 식은 죽 먹기 아닐까?"

수출을 꿈꾸는 무린이들이 하는 큰 착각 중 하나다. 마치 전설의 무기라도 되는 양, 바이어 리스트만 손에 넣으면 전 세계로 상품이 팔려나갈 것이라는 환상에 빠지곤 한다. 그러나 이는 결코 사실이 아니다. 오히려 검증되지 않은 리스트는 당신의 시간과 돈을 앗아가는 함정이 될 수 있다.

1. 'AI가 찾아주는 바이어'의 허상: 당신의 제품에 '맞는' 바이어는 어디에?

최근 'AI 기술로 최적의 바이어를 찾아준다', '수출 바이어 리스트를 판매(공유)한다'는 식의 서비스를 흔히 볼 수 있다. 그럴듯한 말에 혹해 비용을 지급하고 리스트를 받아보면 결과는? 막상 메일을 보내고 연락을 취해보면 답장이 없거나 우리 제품과 전혀 관련 없는 바이어인 경우가 태반이다.

이들 업체는 단순히 어딘가에서 긁어온 '연락처 목록'을 팔 뿐이다. 그 바이어가 진짜인지 가짜인지, 우리 제품에 관심이나 있을지 검증하는 과정은 생략되어 있다. 결국, 내 제품에 맞지 않는 '잠재 고객' 리스트에 불과한 셈이다. 이런 리스트에 의존하는 것은 허공에 주먹질하는 것과 같다.

2. "혹시 당신도?" 가짜 바이어에게 시간 낭비하는 무린이들의 특징

설레는 마음으로 받은 바이어의 회신, 하지만 이 또한 사기일 수 있다. 특히 아래와 같은 특징을 보인다면 주의해야 한다.

- **뜬금없는 대량 주문**: 첫 거래부터 대뜸 대량 주문을 제안하며 접근하는 경우를 조심해야 한다.
- **섣부른 무료 샘플 요구**: 충분한 교신 없이 무료 샘플부터 요구하는 바이어는 사기일 가능성이 높다.
- **각종 비용 전가**: 계약 공증비, 송금 수수료 등 불필요한 비용을 요구하며 돈을 뜯어내려는 사기 수법도 흔하다.

이들은 절박한 수출 기업의 심리를 교묘하게 이용한다. 달콤한 제안에 속아 넘어가는 순간, 금전적 손실은 물론, 귀중한 시간과 감정까지 소모하게 된다.

3. '리스트(List)'가 아닌 '전략(Strategy)'에 투자하자

수출의 성공은 단순히 '바이어 리스트' 한 장으로 결정되지 않는다. 그것은 우리 제품에 대한 깊은 이해, 목표 시장에 대한 치밀한 분석, 그리고 잠재 바이어를 '진성 바이어'로 전환하는 끈질긴 노력의 산물이다.

무분별한 리스트 구매에 돈과 시간을 낭비하기보다 정부 지원 사업을 활용하고, 디지털 마케팅 역량을 키우며, 바이어를 검증하는 자신만의 노하우를 쌓는 데 투자하자. 그것이야말로 막연한 기대를 확실한 성공으로 바꾸는 가장 빠른 길이다.

Part 5

전시회, 정말 쓸모없을까?
오해와 진실을 파헤쳐 보자!

온라인 마케팅이 해외 영업과 홍보 측면에서 아무리 인기가 많아도 전시회를 빼놓고 바이어(수입자)를 찾기는 현실적으로 어렵다. 하지만 많은 이들이 전시회에 대해 오해를 가지고 있는 것은 분명하다. 특히, B2B(기업 간 거래) 분야에서 중요한 국내외 전시회에 대한 흔한 선입견들에 대해 알아볼 필요가 있다.

1. 전시회, 왜 이렇게 오해가 많을까?

많은 분들이 전시회에 대해 잘못 알고 있는 점들이 있다. 특히 '전시회에 가면 바로 계약할 수 있다'거나 '현장 판매가 가능하다'고 생각하는 경우다. 하지만 이런 생각들은 현실과 조금 다를 수 있다. 수출의 필수이자 해외 바이어(수입자) 찾기의 중심인 전시회가 왜 이렇게 중요한데도, 사람들이 쉽게 다가가기 어려운 걸까? 그건 아마도 우리가 가진 선입견 때문일 것이다.

사실 전시회는 바이어(수입자)를 발굴하는 데 있어서 누구나 인정하고 실제로 가장 많이 활용하는 방법이다. 게다가 정부 기관이나 지자체 그리고 수출 지원 기관에서 다방면에 걸쳐 전시회 참여를 지원(공동관)해주기 때문에 비용 부담도 생각보다 크진 않다. 중요한 건 무엇? 바로 우리의 '의지'다.

2. 전시회 가면 바로 계약할 수 있다? 정말 그럴까?

전시회에 대한 큰 착각 중 하나가 바로 '전시회에 가면 바로 계약할 수 있다'는 것이다. 전시회 준비에 시간과 비용이 많이 들기도 하고, 전시회 주최 측의 홍보로 인해 이런 기대를 하는 건 당연하다. 사실 이건 희망 고문에 가깝다. 바이어(수입자)를 만나려면 같은 전시회를 최소 세 번은 나가야 하는데 한 번으로는 턱없이 부족하기 때문이다. 그 이유는 간단하다. 바이어(수입자)들은 믿을 수 있는 제조사를 찾는 과정이 필요하기 때문이다. 전시회는 말 그대로 '신뢰'를 쌓는 첫걸음인 셈이다. 그뿐이다. 그 이상도 그 이하도 아니다. 전시회 주최 측에서 제공하는 방문자 수나 계약 체결 금액 같은 홍보 자료는 어디까지나 참고 자료일 뿐이다. 특히, 계약 금액 같은 경우는 과장된 부분이 많을 수 있으니, 어느 정도 걸러서 볼 필요가 있다.

3. 전시회에서 물품을 바로 팔 수 있을까?

스타트업이나 작은 회사들은 전시회에서 물품을 소비자에게 판매해서 비용을 조금이라도 줄일 수 있을지 궁금해하곤 한다. 현장 판매를 통해 어느 정도 비용을 상쇄하고 싶다는 마음에서다. 이런 행위는 사실 단순한 판촉물 판매뿐만 아니라, 소비자들의 반응을 직접 확인하고 B2C(기업-소비자 간 거래) 홍보를 할 수 있다는 효과도 갖는다. 그래서 이런 기회를 적극적으로 활용하는 업체들도 꽤 많다.

하지만 해외 전시회의 경우 아이템 성격에 따라, 원칙적으로 현장 판매를

금지하는 경우도 있고, 아닌 경우도 있다. 전시회 일정 기간에만 소비자 대상으로 판매가 이루어지는 경우도 있다. 그러므로 전시회 기획 단계에서부터 전시회의 성격과 운영을 정확히 파악해서 준비해야 한다.

4. 공동 부스는 왠지 부족해 보인다?

전시회 부스로는 크게 '독립 부스'와 '공동 부스'가 있다. 많은 이들이 공동 부스는 왠지 부족해 보인다고 생각하기도 한다. 하지만 실제로는 무역 초보자들에게는 이만한 지원과 효과도 없다. 비용적인 측면을 먼저 보면, '공동 부스'는 정부 또는 지자체 사업의 일환으로 여러 가지 혜택이 많다. 특히 자금이 부족한 중소기업들에는 정말 큰 도움이 된다. 반면에 독립 부스는 아무래도 비용이 많이 들고, 처음부터 끝까지 모든 것을 혼자 진행해야 하므로 경험이 적은 중소기업들에는 큰 부담이 될 수 있다. 그러므로, 공동 부스는 이런 부담을 덜어주는 좋은 대안이 된다고 할 수 있다. 전시회 참가를 고려한다면, 전시회 기획 단계에서부터 실질적 효과 측면을 보면서 가성비를 고려하지 않을 수 없다. 단순 비교로는 '독립 부스'가 여러모로 효과가 높은 것은 사실이다. 그러나 비용과 운영 경험 노하우를 종합적으로 비교해 보면 '공동 부스'도 좋은 대안이 될 수 있다.

5. 그냥 참여만 해도 도움이 될까?

전시회에 그냥 참여하기만 해도 과연 도움이 될까? 이 질문에는 '반은 맞고 반은 틀리다.'라고 답할 수 있다. 안 하는 것보다는 확실히 마케팅이나 홍보 면에서는 도움이 되는 것은 사실이다. 우리 회사를 알리고 제품을 선보일 기회가 생기기 때문이다(물론, 준비하기 나름이다).

하지만 전시회를 통한 단기적 매출 급성장을 기대하기는 어렵다. 시간이 필요한 투자라고 생각해야 한다. 꾸준히 참여하고 전략적으로 접근해야 비로소 그 효과를 제대로 볼 수 있다. 단순히 한두 번 참여해서 큰 결과를 기대하기보다는, 장기적인 관점에서 꾸준한 참여가 필요하다.

6. 전시회, 돈만 먹는 하마?

혹시 '전시회는 돈만 많이 들고 효과는 별로 없다'고 생각한다면 대기업들이 왜 그렇게 꾸준히 전시회에 나가는지 생각해 봐야 한다. 그리고 바이어(수입자)들이 왜 직접 전시회를 찾아가는지도 말이다. 사실 전시회는 매우 오랜 역사와 전통을 가진 마케팅 수단이고, 그만큼 효과도 매우 크다. 다시 말해, 가성비가 아주 뛰어나다는 뜻이다. 다만, 앞서 말했듯이 꾸준히 참여해야 그 효과를 제대로 볼 수 있다. 전시회는 단발성 이벤트가 아니라, 우리 회사의 장기적인 성장을 위한 중요한 투자라고 이해하는 것이 필요하다. 지속적인 노력이 쌓여야 큰 결실을 볼 수 있기 때문이다.

7. 전시회, 제대로 활용하려면 어떻게 해야 할까?

전시회를 제대로 활용하려면 노하우를 배우는 것이 정말 중요하다. 예를 들어, 어떤 전시회에 얼마나 자주 참여해야 할지, 어떤 아이템으로 어떻게 홍보 마케팅을 해야 할지, 부스는 어떻게 기획하고 운영해야 할지 같은 것들이다. 그리고 여기에 따른 바이어(수입자) 협상 같은 것도 잘 공부해야 한다. 전시회를 그냥 나가서는 안 된다. 해외 바이어(수입자)를 발굴하고, 새로운 시장을 조사하며, 우리 회사의 브랜드 이미지를 높이는 전략적인 장소임을 명심해야 한다.

Part 6

수출 고민, 그 막막함을 전시회가
한 방에 해결해 줄 수 있다?

    수출을 막 시작하려는 기업들 혹은 이미 하고 있지만 더 잘하고 싶은 기업들은 모두 비슷한 고민들을 하고 있다. 해외 바이어(수입자)를 어떻게 찾아야 할지, 우리 제품을 어떻게 해외에 알려야 할지, 새로운 제품은 어떻게 론칭해야 할지 등 막막한 부분들이 많을 수 있다. 이런 고민은 시간과 돈, 그리고 노하우가 많이 필요한 어려운 일들이다.

    보통은 주변 인맥을 통하거나 인터넷 검색을 통해 정보를 얻으려고 한다. 사실 이 방법만으로는 한계가 있다. 당연히 여기서 뭔가 더 확실하고 효과적인 방법이 없을까 고민하게 된다. 수출은 우리 기업의 성장을 위한 중요한 단계인데, 이런 고민들 때문에 시작조차 어렵게 느껴진다.

1. 그 고민, 전시회가 한 방에 해결해 줄 수 있다?

    이런 수출 고민을 한 번에 해결해 줄 수 있는 방법이 있다. 바로 '전시회'다. 전시회는 정말 현실적인 방법이면서도 비용이 적게 들고, 정부나

지자체에서도 많은 지원을 받을 수 있다. 게다가 기업 간 거래, 즉 B2B에 가장 적합한 방법으로 모두가 인정하는 방식이기도 하다.

해외 기업들과의 B2B 거래에서 가장 기본이 되는 건 바로 '신뢰'다. 아무리 좋은 제품이나 좋은 조건을 제시해도, 신뢰가 없으면 거래가 어렵다. 요즘은 물품(화물)값을 선수금의 의미로 미리 보내는 방식(T/T)을 많이 쓴다, 한 번도 본 적 없는 바다 건너 멀리 있는 해외 회사에 미리 돈을 보내는 건 현실적으로 어려운 일이다. 결국 신뢰가 있어야 한다. 신뢰가 없다면 이런 거래는 애초부터 불가능하다. 전시회는 이런 제품에 대한 신뢰, 회사에 대한 신뢰, 그리고 사람 간의 신뢰까지도 쌓을 수 있는 가장 현실적인 방법이라 할 수 있다.

2. 전시회에 가면 어떤 좋은 일들이 생길까? (바이어 매칭부터 오더까지!)

전시회에 참여하면 가장 먼저 얻을 수 있는 큰 장점은 바로 '바이어 매칭 기회가 확 늘어난다'는 것이다. 짧은 전시회 기간 정말 많은 해외 바이어(수입자)들을 만날 수 있기 때문에 잠재 고객을 만날 기회는 많이 늘어난다. 이렇게 바이어를 많이 만나다 보면 자연스럽게 무역 실력도 크게 향상된다.

바이어 매칭 기회가 많아질수록 실제 계약으로 이어질 가능성은 당연히 높아진다. 상담을 진행하다 보면 우리 제품이나 회사에 어떤 문제가 있는지, 어떤 부분을 개선해야 할지도 명확하게 알 수 있다. 전시회에 계속 참여하면서 이런 경험이 쌓이면 계약을 성사시키는 능력도 훨씬 좋아진다. 처음에는 막막하게 느껴져도, 한 번 두 번 참여할수록 눈에 띄게 발전하는 자신을 발견할 수 있는 것이다.

3. 현지 시장 조사, 전시회에서 한 번에 끝낸다?

해외 시장 조사는 수출 초보 기업에게는 정말 부담스러운 일이다. 직접 현지에 가서 시장을 조사한다고 하면 돈도 많이 들고, 시간도 많이 필요하다. 게다가 이론과 실전은 또 다르기 때문에 막상 현장에 가면 생각했던 것과 다를 수도 있다. 이런 상황에서 어떻게 해외 시장에 대한 정보를 얻을 수 있을까? 오래된 정보가 아닌 생생한 정보를 말이다.

바로 전시회가 답이다! 전시회에 가면 다양한 나라에서 온 바이어들을 만날 수 있다. 이 바이어들과 직접 대화하면서 현지 시장 분위기는 어떤지, 유통 방식은 어떻게 되는지, 영업은 어떻게 해야 하는지 등 생생한 정보를 쉽게 얻을 수 있다. 마치 직접 현지에 가서 시장 조사를 하는 것과 같은 효과를 누릴 수 있는 것이다.

4. 우리 제품, 객관적인 평가를 받고 싶다? 신제품 발표도 가능하다!

제품을 만들고 시장에 내놓을 때는 객관적인 평가를 받아서 계속 수정하고 보완하는 과정이 정말 중요하다. 내가 만든 제품이라 애정이 가득할지라도, 냉정한 평가 없이는 발전하기 어렵다. 전시회는 이런 객관적인 평가를 받을 수 있는 좋은 기회가 된다. 전시회 부스를 찾아오는 방문객들은 우리 제품을 직접 보고 만져보면서 솔직한 피드백을 줄 수 있다. 이런 소중한 정보들을 바탕으로 제품의 품질을 한 단계 더 높일 기회가 생긴다. 게다가 전시회는 신제품을 세상에 처음으로 선보이는 훌륭한 발표회장이 되기도 한다. 새로운 제품을 전시회에서 공개하면 홍보 효과를 극대화할 수 있고, 꾸준한 신제품 출시를 통해 우리 회사의 신뢰도도 높일 수 있다.

5. 우리 회사 홍보, 전시회에서 자연스럽게 할 수 있다?

전시회에 오는 수많은 방문객들은 단순한 구경꾼들이 아니다. 그들은 우리 제품의 잠재적인 바이어가 될 수 있는 미래의 고객들이다. 전시회는 이런 잠재 바이어들에게 우리 회사를 자연스럽게 홍보할 수 있는 최고의 장소 중 하나다. 부스에 모니터를 설치해서 회사 소개 영상이나 제품 시연 영상을 보여줄 수도 있고 회사 홍보 자료를 직접 나눠주거나 명함을 교환하면서 우리 회사의 이름과 제품을 알릴 수도 있다. 억지로 홍보하는 느낌 없이, 자연스럽게 회사에 대한 관심을 유도할 수 있다는 게 큰 장점이다. 준비를 한 만큼, 딱 그만큼 얻는 게 전시회 효과라 할 수 있다.

6. 전시회, 한 번만 가는 게 아니다? 노하우가 쌓이면 더 대박!

"같은 전시회는 최소 3번 이상은 가봐야 효과가 나타난다."는 말을 들어본 적 있는가? 처음에는 좀 어색하고 서툴러도, 두 번, 세 번 계속 참여하다 보면 그때부터 진짜 효과를 볼 수 있다는 뜻이다. 전시회에 참가하는 횟수가 늘어날수록 우리 회사만의 운영 노하우가 쌓이게 된다. 어떤 식으로 부스를 꾸며야 바이어들이 더 많이 올지, 어떤 방식으로 상담해야 계약 성사율이 높아질지 등 실질적인 노하우가 생기는 것이다. 이렇게 노하우가 쌓이면 자연스럽게 바이어 매칭 기회도 더 많아지고, 더 좋은 결과로 이어질 수 있다.

7. 해외 언론들이 우리 회사를 홍보해 준다? (동종 업계 트렌드도 한눈에!)

요즘은 전문 방송 매체뿐만 아니라 유튜브 같은 1인 방송 매체도 영향력이 정말 크다. 전시회에는 이런 해외 언론이나 유튜버들도 많이 참여한다. 우리가 굳이 큰 노력을 하지 않아도, 이들을 통해 우리 제품이나 회사가 자연스럽게 홍보될 수 있는 기회가 생기는 것이다. 즉, 생각지도 못했던 곳에서 홍보 효과를 얻을 수 있게 된다. 그리고 전시회는 동종 업계의 트렌드를 한눈에 파악할 수 있는 좋은 기회이기도 하다. 부스들이 보통 지역별이나 아이템별로 모여 있기 때문에, 우리 제품과 비슷한 다른 회사들의 제품들을 쉽게 찾아볼 수 있다. 다른 업체들의 제품과 우리 제품을 비교 분석하면서 우리 제품의 강점과 약점을 객관적으로 파악할 기회가 생긴다. 이런 기회로 인해 선진 기술을 배우고 새로운 아이디어를 얻어서 향후 있을 신제품 개발에 큰 도움을 받을 수 있다.

8. 그래서, 수출 초보 기업에게 전시회는 필수다?

지금까지 수출 초보 기업들이 전시회에 꼭 참여해야 하는 이유를 알아봤다. 전시회는 바이어를 찾고, 우리 제품을 해외에 알리고, 시장 트렌드를 파악하고, 신제품을 발표하고, 회사 자체를 홍보하는 등 정말 다양한 효과를 가지고 있다. 이 모든 것의 밑바탕은 바로 '신뢰'라고 할 수 있다. 전시회를 통해 제품에 대한 신뢰, 회사에 대한 신뢰, 그리고 사람과 사람 간의 인간적인 신뢰까지 쌓을 수 있다. 이 신뢰는 결국 무역 거래를 성공적으로 이끄는 가장 중요한 요소가 된다. 그러므로 수출을 시작하거나 더 잘하고 싶은 기업이라면 전시회 참여는 선택이 아니라 필수라고 할 수 있다.

Part 7

제품 상세 및 회사 소개서만 보내면
해외에서 연락 올 줄 알았다?

많은 대표님들과 해외 영업 담당자들이 정성껏 만든 회사소개서와 제품소개서를 잠재 바이어에게 이메일로 보내며 큰 기대를 품는다. "곧 연락이 오겠지?", "우리 제품에 관심을 보일 거야", "가격을 물어보지 않을까?" 하지만 대부분의 경우, 돌아오는 것은 침묵뿐이다. 왜일까? 당신이 바이어의 입장이 되어 생각해 보면 답은 명확해진다. 바이어는 당신의 이메일 한 통만으로 당신을 신뢰하지 않는다. 그들은 당신이 누구인지, 믿을 만한 파트너인지 직접 확인하는 과정을 거치기 때문이다.

1. 바이어의 '의심'에서 시작되는 3단계 검증 프로세스

수많은 이메일 속에서 당신의 제안을 확인한 바이어는 곧바로 답장하지 않는다. 대신, 그들은 당신의 회사를 객관적으로 검증하기 위한 단계를 밟기 시작한다.

1단계: 디지털 명함, 홈페이지를 방문한다.

가장 먼저 하는 일은 당신의 회사 홈페이지를 방문하는 것이다. 바이어는 홈페이지를 통해 회사의 전문성, 제품 정보, 그리고 당신이 어떤 기업인지에 대한 첫인상을 얻는다. 만약 홈페이지가 없거나, 정보가 부실하거나 디자인이 조잡하다면 바이어는 즉시 이 회사와 제품에 대해 관심을 거둘 가능성이 크다. 즉, 홈페이지는 단순히 제품을 나열하는 공간이 아닌, 바이어가 궁금해할 만한 모든 정보를 담고 있는 신뢰의 첫 관문이 된다.

2단계: 구글 검색으로 '객관적인' 평판을 확인한다.

홈페이지가 당신이 직접 제공하는 '일방적 주장'에 가깝다면, 구글 검색 결과는 시장에서 당신을 어떻게 평가하는지에 대한 '객관적인 증거'가 된다. B2B 고객들은 구매 결정을 내릴 때 온라인 검색에 크게 의존한다. 바이어는 회사 이름, 제품 이름 등 다양한 키워드로 검색하며 관련 뉴스 기사, 업계 평가, 고객 리뷰 등을 확인한다. 이 과정에서 긍정적인 정보가 검색되지 않거나 혹은 아무 정보도 찾을 수 없다면 당신의 회사는 유령 회사나 다름없다고 판단한다. B2B 마케팅에서 검색엔진 최적화(SEO)가 중요한 이유가 바로 여기에 있다. 잠재 고객이 검색할 때 당신의 회사가 잘 노출되는 것은 신뢰도를 높이고 비즈니스 기회를 창출하는 핵심 요소가 된다.

3단계: '진짜' 모습을 확인하기 위해 만남을 추진한다.

온라인 검증을 통해 긍정적인 인상을 받은 바이어는 다음 단계로 넘어간다. 바로 '직접 만남'이다. 바이어는 종종 "혹시 이번에 열리는 OOO 전시회에 참가하시나요?"와 같이 오프라인 미팅 가능성을 타진한다. 국제 무역 박람회나 전시회는 바이어와 직접 대면하여 신뢰 관계를 형성하고 제품을 선보일 수 있는 가장 효과적인 방법 중 하나다. 이메일과 온라인 정보만으로는 확인할 수 없었던 부분을 직접 눈으로 보고 대화하며 최종 목표인 신뢰를 구축하는 것이다. 이런 이유로, 만약 당신이 전시회에 참가하지 않는다면 바이어와의 만남 자체가 성사되지 않고 마지막 문턱에서 계약의 기회를 놓칠 수 있다.

2. 이제 당신이 해야 할 일: 바이어의 검증에 대비하라

"연락할 것 같다!", "주문할 것 같다!", "가격 물어볼 것 같다!" 이런 막연한 기대는 이제 버려야 한다. 해외 바이어(수입자)를 설득하고 싶다면 그들의 검증 프로세스를 이해하고 철저히 대비해야 한다.

당신의 홈페이지는 바이어의 질문에 답하고 있는가? 단순히 제품 사진만 나열하는 것은 아닌가? 회사의 비전, 기술력, 파트너사, 인증 내역 등 신뢰를 줄 수 있는 모든 정보를 담고 있는가? 자문할 필요가 있다.

구글에서 당신의 회사를 검색했을 때 무엇이 보이는가? 지금 당장 당신의 회사 이름을 검색해 보자. 아무것도 나오지 않는다면 지금부터라도 SEO를 통해 당신의 '디지털 발자국'을 남겨야 한다.

바이어가 당신을 만날 기회가 있는가? 예산과 상황이 허락하는 선에서 주요 산업 전시회에 참가하여 잠재 바이어와 직접 만나는 기회를 만들어야 한다. 회사소개서를 보내는 것은 단지 시작일 뿐이다. 바이어는 보이지 않는 곳에서 당신을 검증하고 있다는 사실을 잊지 말아야 한다. 탄탄한 온라인 신뢰도와 오프라인 소통 기회를 마련하는 것, 그것이 바로 침묵의 바이어를 움직이는 가장 확실한 방법이 된다.

Part 8

바이어 상담,
아직도 '설득'만 생각하고 있다면?
협상의 기술

무역을 시작하거나 이미 하고 있다면 바이어 상담에 대해 많은 고민과 궁금증이 생긴다. 전시 상담회나 비즈니스 상담회 같은 곳에서 바이어를 만날 때, 우리는 보통 '어떻게 하면 바이어를 설득해서 주문을 받아낼까?' 하고 생각하곤 한다. 이런 기본적이고 원리적인 생각은 아주 보편적이다. 아마 대부분 그렇게 믿고 실행에 옮긴다.

하지만 이런 설득 위주의 상담 방식은 때로는 팽팽한 줄다리기 분위기를 조성한다. 수출자는 어떻게든 설득하려고 하고, 바이어는 그 제품을 꼼꼼히 검증하려고 하니 분위기가 냉랭해지기도 한다. 이런 방식으로는 실제로 계약이 성사되거나 매출이 꾸준히 늘어나는 경우가 생각보다 적은 만큼 이 방법이 항상 옳다고만은 할 수 없다.

1. 성공적인 무역 협상의 진짜 비밀은 무엇일까?

과거에는 바이어를 '설득'하는 것이 목표였다면 요즘은 조금 달라졌다.

이제는 바이어가 우리 제품을 가지고 현지 시장에서 성공하고 더 많은 매출을 기록할 수 있도록 '논의'하는 방향으로 바뀌고 있다. 이게 정말 중요하다.

핵심은 바로 '바이어의 성공'이다. 바이어가 어떻게 하면 우리의 제품을 통해 그 시장에서 성공하고, 더 나아가 부자가 될 수 있을지에 초점을 맞추는 것이다. 이렇게 목표를 바꾸면 바이어와의 상담 분위기가 훨씬 부드러워지고, 기대 이상의 좋은 결과를 얻을 수 있다. 우리가 바이어의 성공을 도우면 자연스럽게 우리의 수출로도 이어질 수 있기 때문이다.

2. '설득' 대신 '논의'가 왜 더 강력할까?

그 이유는 아주 간단하다. 설득은 마치 창과 방패처럼 대립하는 느낌을 주지만, 논의는 함께 문제를 해결하는 '동반자 관계'를 만들어주기 때문이다. 바이어와 함께 그들의 시장을 분석하고, 우리 제품으로 어떤 솔루션을 제공할 수 있을지 함께 고민하는 것이다.

이렇게 함께 논의하면서 시장에 대한 깊이 있는 이해를 얻을 수 있고, 이는 매출을 최대한으로 늘리는 데 큰 도움이 된다. 심지어 지금 당장 계약이 성사되지 않더라도, 이런 과정을 통해 얻은 지식은 다른 바이어를 찾거나 새로운 시장을 분석하는 데도 도움이 될 수 있다. 즉, 서로의 입장에서 시장을 다각적으로 바라보는 것이다.

3. 바이어의 성공을 돕는 구체적인 방법은 무엇인가?

바이어의 성공을 돕기 위해선 구체적으로 어떤 노력을 해야 할까? 먼저, 바이어의 입장에서 해외 시장을 분석해 봐야 한다. 동시에 수출자 관점에서 시장을 어떻게 보고 있는지 함께 맞춰 보는 것이다. 이렇게 서로의 관점을 이해하면 더 좋은 방법을 찾아낼 수 있다.

여기서 중요한 건, 우리 제품이 바이어에게 어떤 효과를 가져다줄 수 있는지, 그리고 현지에서 얼마나 많은 매출을 낼 수 있을지를 명확하게 보여주는 것이다. 그리고 그에 대한 증빙 자료를 바이어와 공유하는 것이 핵심이 된다. 단순히 제품이 좋다고 말하는 것을 넘어, 바이어가 실제로 얻을 수 있는 이익을 숫자로 보여주는 것이다.

4. 상담 전, 이것만 준비해도 성공 확률이 쑥쑥 올라간다!

성공적인 상담을 위해 상담 전에 어떤 준비를 해야 할까? 비즈니스 상담에 나가기 전에는 반드시 해당 시장에 대해 충분히 공부하고 연구해야 한다. 우리가 어떤 역할을 해야 하고, 현지 바이어가 어떤 역할을 할지에 대해 미리 고민하는 것이다. 단순히 우리 제품을 사달라고 바이어를 설득하러 나간다는 생각보다 훨씬 더 큰 성과를 기대할 수 있다.

이런 준비를 통해 실제 계약을 끌어낼 수도 있고, 설령 계약이 바로 되지 않더라도 많은 것을 배우고 다른 바이어를 발굴하는 데 중요한 밑거름이 될 수도 있다. 철저한 준비는 우리의 자신감을 높여주고, 바이어에게도 신뢰를 줄 수 있는 중요한 요소가 된다.

5. 혹시 내 영업 방식에 문제가 있는 건 아닐까?

만약 우리 제품이 정말 좋은데도 해외 바이어(수입자)를 찾기가 어렵다고 느껴진다면 한 번쯤 자신의 영업 방식에 문제는 없는지 점검해 봐야 한다. 혹시 아직도 '바이어 설득'에만 집중하고 있지는 않는지 되돌아봐야 한다. 이제는 관점을 바꿔야 할 때다. 핵심은 바로 '바이어의 성공'을 우리의 최종 목표로 삼는 것이다. 바이어가 성공해야 우리도 함께 성공할 수 있다는 것을 기억해야 한다. 이런 새로운 관점으로 영업 방식을 개선한다면 분명 더 많은 기회를 만들고 지속적인 성장을 이룰 수 있을 것이다.

Part 9

해외 바이어(수입자)의 5가지 고민,
당신은 어떻게 해결해 주시겠습니까?

"돈은 보냈는데, 물품(화물)은 오지 않고…"

큰맘 먹고 T/T(송금) 방식으로 대금을 보냈는데, 약속한 날짜에 선적 소식은 들려오지 않고 수출 담당자는 연락이 뜸해진다. 어렵게 물품(화물)을 받았지만, 상자를 열어보니 절반이 불량이다. 현지 시장에 대대적으로 마케팅을 예고했지만, 제품이 도착하지 않아 모든 계획이 엉망이 되어버린다.

이것은 단순히 상상 속의 이야기가 아니다. 수천 킬로미터 떨어진 당신과 거래를 트는 해외 바이어(수입자)가 밤잠을 설치며 하는 현실적인 걱정들이다. 우리는 흔히 수출을 '파는 사람'의 입장에서만 생각하지만, 사실 '사는 사람'인 바이어는 훨씬 더 큰 리스크를 감수하고 있다. 그들의 걱정을 이해하고 선제적으로 해결해 주지 못한다면 단 한 번의 거래로 신뢰를 잃고 소중한 파트너를 놓치게 될 것이다.

과연 당신은 이런 바이어의 걱정에 어떻게 대응하고 있는가?

1. 바이어의 밤잠을 설치게 하는 5가지 걱정거리

해외 바이어(수입자)는 당신의 제품을 구매하며 다음과 같은 리스크를 머릿속에 그린다. 이는 단순히 돈을 떼일 걱정을 넘어 자신의 비즈니스 전체가 흔들릴 수 있다는 공포에 가깝다.

1) "돈만 받고 물품(화물)을 안 보내면 어떡하지?" (대금 결제 리스크)

특히 신규 거래에서 T/T 선수금 방식으로 대금을 보낼 때 바이어의 불안감은 최고조에 달한다. 아직 신뢰가 쌓이지 않은 상태에서 거액의 돈을 먼저 보내는 것은 바이어에게는 큰 모험이다. 만약 당신이 약속한 날짜에 물품(화물)을 보내지 않는다면 바이어는 돈과 비즈니스 기회를 모두 잃게 될 수 있다. "T/T 보냈는데 출고 안 하고…"라는 말은 바이어의 가장 크고 원초적인 두려움이다.

2) "물품(화물)을 받았는데 불량이 가득하면 어떡하지?" (품질 리스크)

샘플은 완벽했지만, 막상 도착한 본 제품의 품질이 엉망인 경우는 무역에서 흔히 발생하는 클레임 중 하나다. 기능 불량, 계약과 다른 사양, 포장 불량으로 인한 파손 등은 바이어에게는 치명적이다. 이는 단순히 몇 개의 제품을 버리는 손실로 끝나지 않는다. 불량품을 처리하는 추가 비용과 시간, 그리고 최종 소비자로부터의 신뢰 하락으로 이어져 바이어의 비즈니스에 심각한 타격을 줄 수 있다.

3) "약속한 날짜에 도착하지 않으면 어떡하지?" (납기 리스크)

바이어는 당신이 알려준 선적 및 도착 예정일에 맞춰 현지 마케팅, 유통, 판매 계획을 모두 세워 놓는다. 그들은 당신의 제품이 도착하는 날짜를 기준으로 영업사원들을 움직이고, 광고를 집행하며, 유통 채널에 입고를 약속한다. 하지만 당신의 생산 차질이나 선적 지연으로 납기가 늦어진다면 이 모든 계획이 수포가 된다. 바이어는 돈은 돈대로 묶이고, 시장의 신뢰는 잃게 되는 최악의 상황을 맞이할 수 있다.

4) "현지 마케팅 비용만 날리는 건 아닐까?" (시장 실패 리스크)

바이어는 단순히 당신의 제품을 수입해서 창고에 쌓아 두는 중간상이 아니다. 그들은 자신의 돈과 시간을 투자해 현지 시장에 맞는 마케팅 전략을 수립하고 실행하는 '파트너'다. 카탈로그 제작, 온라인 광고, 박람회 참가 등 막대한 비용을 투자했는데, 정작 팔아야 할 제품이 제때 도착하지 않거나 품질에 문제가 있다면 모든 마케팅 비용은 그대로 손실이 된다.

5) "서류 하나 때문에 통관이 막히면 어떡하지?" (절차적 리스크)

상업송장(Commercial Invoice)이나 선하증권(B/L) 등 무역 서류의 사소한 오류 하나가 현지 세관에서 큰 문제를 일으킬 수 있다. 통관이 지연되거나 예상치 못한 벌금이 부과되면, 이는 고스란히 바이어의 부담으로 돌아온다. 이는 바이어에게 불필요한 스트레스와 비용을 안겨주는 골치 아픈 문제가 될 수 있다.

2. 걱정을 해소시키는 수출자의 대응

그렇다면 어떻게 이런 바이어의 걱정을 덜어주고 신뢰를 쌓을 수 있을까? 해답은 '역지사지'의 자세로 바이어의 불안 요소를 먼저 파악하고, 체계적인 시스템으로 해결해 주는 데 있다.

수출자의 대응

첫째: 투명한 정보 공유로 불안감을 해소하자.

생산이 시작되면 진행 상황을 사진이나 짧은 영상으로 공유하고, 선적이 완료되면 즉시 선적서류 사본을 보내주자. 배가 어디쯤 오고 있는지 추적할 수 있는 정보를 함께 제공하는 것도 좋은 방법이다. 당신의 비즈니스가 투명하게 운영되고 있다는 것을 보여주는 것만으로도 바이어는 안심할 수 있다.

둘째: 품질관리에 대한 명확한 증거를 제시하자.

내부적으로 어떤 품질관리(QC) 프로세스를 거치는지, 어떤 기준을 가지고 검수하는지를 문서화하여 바이어에게 설명해 주자. 가능하다면 공신력 있는 제3자 검사 기관의 검사를 받고 성적서를 함께 제공하는 것도 강력한 신뢰를 구축하는 방법이다. 문제가 발생했을 때 어떻게 책임지고 해결할 것인지에 대한 '클레임 처리 정책'을 미리 공유하는 것도 중요하다.

셋째: 보수적인 납기 약속과 유연한 결제 조건으로 신뢰를 쌓자.

지킬 수 없는 납기를 약속하는 것은 신뢰를 무너뜨리는 가장 빠른 길이다. 생산 및 운송 과정의 변수를 고려하여 현실적이고 약간은 보수적인 납기를 제시하고, 이를 반드시 지키는 모습을 보여주어야 한다. 초기 거래라면, 바이어의 대금 결제 리스크를 줄여 주기 위해 계약금과 잔금으로 나누어 결제하는 방식을 제안하거나 신용장(L/C) 거래를 활용하는 것도 좋은 방법이 된다.

수출은 단순히 물품(화물)을 파는 행위가 아니라, 바이어의 '걱정'을 사서 '확신'으로 바꿔주는 과정이다. 내 제품이 최고라고 주장하기 전에, 먼저 바이어가 무엇을 두려워하는지 귀 기울여보자. 그들의 걱정을 해결해 주는 당신이야말로, 단발성 거래를 넘어 오랜 시간 함께 성장할 수 있는 진정한 비즈니스 파트너로 인정받게 될 것이다.

Part 10

바이어를 얻득하는 가장 확일한 방법
협력업체 리스트의 힘!

제품소개서, 제안서, 회사소개서에 반드시 포함해야 할 필승 카드!

치열한 비즈니스 세계에서 바이어의 마음을 사로잡고, 협상에서 우위를 점하며, 까다로운 수출의 문을 활짝 여는 '한 방'은 무엇일까? 화려한 미사여구나 복잡한 데이터가 아닌, 때로는 아주 간단한 한 페이지가 결정적인 역할을 할 수 있다. 바로 '협력업체 리스트'다.

1. '누구와 함께 일하는가'가 곧 당신의 현재 얼굴이다

바이어 입장에서 새로운 파트너를 결정할 때 가장 중요하게 생각하는 것 중 하나는 '신뢰성'이다. 이 회사가 과연 약속한 품질을 꾸준히 지킬 수 있는지, 안정적으로 제품을 공급할 역량이 있는지 끊임없이 의심하고 검증하려 한다.

이때, 이름만 들어도 알 만한 기업들과의 파트너십은 수많은 설명을 대체하는 가장 강력한 증거가 된다. 만약 당신의 협력사가 삼성이나 SK하이닉스라면 어떻게 될까? 더 이상 길게 설명할 필요가 없다. 바이어는 '이 회사는 이미 최고 수준의 기업들로부터 검증을 마친 곳'이라고 즉시 인식하게 된다.

2. 사례를 통해 본 '협력 업체 리스트'의 힘

• 사례 1: 반도체 장비 스타트업 A사

A사는 혁신적인 기술력을 가지고 있었지만, 신생 기업이라는 한계 때문에 해외 바이어(수입자)를 설득하는 데 어려움을 겪고 있었다. 고심 끝에 회사 소개서 첫 페이지에 국내 대기업 반도체 회사와의 부품 공급 계약 및 기술 협력 사실을 명시했다. 결과는 놀라웠다. 바이어들은 이전과 달리 A사의 기술력에 대한 신뢰를 보이며 적극적으로 미팅을 요청했고, 이는 성공적인 수출 계약으로 이어졌다.

• 사례 2: 의료기기 제조업체 B사

B사는 자사 제품의 우수성을 알리기 위해 수많은 임상 데이터와 시험 성적서를 제시했지만, 바이어들의 반응은 미온적이었다. 그러다 제안서에 삼성서울병원, 서울아산병원 등 국내 최고 의료기관에 제품을 납품하고 있다는 '주요 고객사 리스트'를 추가했다. 이는 "우리 제품은 대한민국 최고의 의사들이 신뢰하고 사용하고 있습니다."라는 메시지를 간접적으로 전달하는 효과를 낳았고, 바이어의 의사결정을 끌어내는 결정적인 역할을 했다.

3. '협력 업체 리스트'는 바이어에게 주는 강력한 메시지다

- 품질 보증: 까다로운 품질 기준을 통과했음을 증명.
- 안정성: 대기업과의 지속적인 거래는 회사의 재무 및 생산 안정성을 암시.
- 신뢰도: 이미 검증된 기업과의 파트너십은 당신의 회사에 대한 신뢰도를 수직 상승.
- 시간 절약: 바이어가 당신의 회사를 검증하는 데 드는 시간과 노력을 획기적으로 줄여줌.

당신의 제품소개서, 제안서, 회사소개서에 '협력업체 리스트'가 빠져있지는 않는가? 혹은, 있더라도 맨 뒷장에 조그맣게 자리하고 있지는 않는가?

바이어를 설득하는 가장 확실한 방법은 때로는 가장 간단한 곳에 있다. 당신과 함께하는 파트너들이 누구인지 자신 있게 보여줄 필요가 있다. 그것이 바로 수많은 미사여구를 이기는 가장 강력한 '한 방'이 될 것이기 때문이다.

Chapter 3

서류는 당인의
돈과 시간을 지키는
가장 강력한 무기다

Part 1

무역의 필수서류 3가지?
인보이스, 패킹 리스트, B/L! 꼭 알아야 하는 것은?

1. 무역 서류, 왜 이렇게 중요할까?

무역할 때 꼭 알아야 할 서류들이 있다. 바로 '인보이스, 패킹 리스트, 그리고 B/L(선하증권)'이다. 이 세 가지 서류는 무역 거래에서 정말 중요하다. 왜냐하면 이 서류들이 없으면 물품(화물)을 보내거나 받을 수 없기 때문이다. 마치 우리가 택배를 보낼 때 송장을 작성하는 것처럼, 무역에서는 훨씬 더 복잡하고 중요한 서류들을 작성해야 한다. 왜냐하면 물품(화물)의 이동과 돈의 흐름을 정확히 기록하고 증명하는 역할을 하기 때문이다. 결국, 이 서류들이 왜 중요한지, 그리고 어떤 역할을 하는지 알아야 수출을 하든, 수입을 하든 할 수 있다.

2. 인보이스, 돈과 관련된 서류인가?

무역 서류 중 가장 먼저 알아볼 것은 바로 '인보이스'다. 인보이스는 무역하면 항상 그리고 제일 먼저 떠오르는 대표적 서류 중 하나다. 인보이스는 돈과 아주 밀접한 관련이 있다. 쉽게 말해, 인보이스는 '누가 누구에게 어떤 물품(화물)을 얼마에 파는지'를 정확하게 보여주는 문서다. 물품(화물)값은 얼마이고, 총 얼마를 지불해야 하는지가 이 서류에 모두 담겨 있다. 그래서 인보이스에는 반드시 총금액이 표시되어 있어야 한다. 이 서류가 있어야 물품(화물)값을 정확히 알 수 있고, 거래가 제대로 이루어졌는지 확인할 수 있다. 패킹 리스트와 B/L과 더불어 한 세트로 다닌다.

3. 인보이스, 어떤 정보가 담겨 있고 어떻게 사용되나?

인보이스는 국내에서 흔히 사용하는 거래명세서와 비슷한 역할을 한다고 생각하면 이해하기 쉽다. 하지만 수출입에서는 그 역할이 훨씬 더 커진다. 물품(화물)이 수출되어 해외로부터 수금이 있을 때 이 인보이스는 은행에 제출되는 중요한 증빙 자료로 사용되기도 한다. 또한, 세관을 통과하는 통관 절차를 밟을 때도 꼭 필요한 서류이다. 수출 실적 또는 수입 실적은 이 인보이스 금액을 근거로 만들어진다. 그래서 인보이스는 단순한 명세서가 아니라, 무역의 시작과 끝을 함께하는 아주 중요한 서류라고 할 수 있다.

4. 패킹 리스트, 물품(화물) 정보를 알려주는 서류인가?

다음으로 알아볼 서류는 '패킹 리스트'다. 패킹 리스트는 인보이스와 한 세트처럼 움직이는 서류라고 생각하면 편하다. 인보이스가 돈에 대한 정보를 담고 있다면 패킹 리스트는 물품(화물)에 대한 자세한 정보를 담고 있다. 예를 들어, 어떤 물품(화물)이 어떤 박스에 몇 개 들어있는지, 총 몇 박스인지, 전체 무게는 얼마나 되는지, 그리고 물품(화물)의 부피(CBM)는 얼마인지 같은 정보들이다. 이러한 정보들은 무역 물류를 책임지는 포워더(선사)가 B/L(선하증권)을 만들 때 아주 중요한 근거 자료가 된다. 물품(화물)에 대한 정확한 정보가 없으면 운송 과정에서 문제가 생길 수 있으니, 패킹 리스트는 정말 꼼꼼하게 작성되어야 한다.

5. 인보이스와 패킹 리스트, 누가 작성하고 어떤 차이가 있나?

인보이스와 패킹 리스트는 모두 물품(화물)을 파는 사람, 즉 수출자가 직접 작성한다. 수출자가 자신이 보낼 물품(화물)에 대해 가장 잘 알고 있기 때문이다. 이 두 서류는 서로 다른 정보를 담고 있어서 혼동하지 않는 것이 중요하다. 인보이스는 물품(화물)에 대한 금액 정보가 핵심이라면, 패킹 리스트는 물품(화물)의 수량, 총무게, 부피(CBM) 정보가 중요하다. 쉽게 비유하자면, 인보이스는 '영수증'이고 패킹 리스트는 '물품(화물) 목록'이라고 생각하면 된다. 두 서류 모두 무역 거래의 투명성과 정확성을 위해 필수적인 문서이니, 꼭 잘 구분해서 사용해야 한다.

6. B/L(선하증권), 물품(화물)의 주인을 알려주는 서류인가?

마지막으로 알아볼 서류는 B/L(선하증권)이다. B/L은 Bill of Lading의 줄임말로, 선하증권이라고도 불린다. 이 서류는 인보이스나 패킹 리스트보다도 더 중요하다고 할 수 있는데, 바로 물품(화물)의 소유권을 나타내기 때문이다. 즉, B/L을 가지고 있는 사람만이 그 물품(화물)의 진짜 주인이라고 인정받고, 물품(화물)을 받을 수 있다. 예를 들어, 만약 이 B/L이 없다면 아무리 돈을 내고 물품(화물)을 샀다고 해도 그 물품(화물)을 받을 수 없다. 그래서 B/L은 '유가증권'의 성격을 가지고 있다고 말하기도 한다. 물품(화물)을 획득할 수 있는 열쇠와도 같은 역할을 하는 서류라고 할 수 있다.

7. B/L은 누가 만들고, 왜 조심해야 하나?

인보이스와 패킹 리스트는 수출자가 작성한다고 했다. 하지만 B/L은 좀 다르다. B/L은 물품(화물)을 운반해 주는 포워더나 선사가 작성한다. 이들은 수출자가 제공한 패킹 리스트의 정보를 바탕으로 B/L을 만든다. B/L이 중요한 이유가 하나 더 있다. 이 서류는 절대로 잃어버리면 안 된다. 만약 B/L을 잃어버리면 재발행이 안 되기 때문에, 물품(화물)을 찾지 못하는 아주 큰 문제가 생길 수 있다. 물품(화물)의 소유권을 증명하는 유일한 서류이기 때문에, 항상 조심하고 안전하게 보관하는 것이 핵심이다.

8. 오리지널 B/L과 서렌더 B/L, 어떤 차이가 있나?

B/L은 크게 두 가지 종류가 있다. 바로 오리지널 B/L과 서렌더 B/L이다. 오리지널은 종이로 된 원본 서류를 직접 주고받는 방식이기 때문에 이 오리지널 B/L을 수령해야 물품(화물)을 찾을 수 있다. 반면, 서렌더는 'Telex release'와 같은 개념이다. 지리적으로 가까운 일본, 중국, 동남아시아 국가와 거래할 때 주로 사용된다 (무역 대금이 완납되었다는 전제하에 편의성으로 인해 해외 타 지역 국가에서도 보편적으로 사용됨). 서렌더는 원본 서류를 주고받는 시간과 비용을 아낄 수 있다는 장점이 있다. 하지만 물품(화물)을 양도할 때는 항상 무역 조건과 상황을 고려해야 하고, 한 번 양도하면 취소할 수 없다는 점을 명심해야 한다.

9. 무역 서류 3종, 꼭 기억해야 할 점은 무엇인가?

무역의 필수 서류 3가지, 인보이스, 패킹 리스트, 그리고 B/L은 무역을 할 때 없어서는 안 될 정말 중요한 문서들이다. 인보이스는 돈과 관련된 정보를, 패킹 리스트는 물품(화물)의 자세한 정보를, 그리고 B/L은 물품(화물)의 소유권을 나타낸다는 점을 꼭 기억해야 한다. 특히 B/L은 절대로 잃어버리면 안 되고, 물품(화물) 양도 시에는 신중하게 결정해야 한다는 점도 잊어서는 안 된다. 각 서류의 역할과 주의할 점을 잘 이해하고 있다면 무역 거래를 훨씬 더 안전하고 효율적으로 진행할 수 있다.

Part 2

무역 거래의 핵심!
P/I, P/O, C/I, 헷갈리지 않고 사용하는 방법은?

1. 무역에서 돈과 관련된 핵심 서류, C/I, P/I, P/O란?

무역 거래에서 가장 중요하고 돈과 직접적으로 관련된 서류들이 있다. 바로 C/I(상업송장), P/I(가송장), P/O(구매주문서)다. 이 세 가지 서류는 시장에서 직접 물품을 사고파는 경우가 아니라면 무역에서 반드시 알아야 할 핵심 개념이다. 간단히 C/I, P/I, P/O라고 부르며, 이 서류들을 잘 이해하고 활용하는 것이 성공적인 무역 거래의 첫걸음이다.

2. C/I(상업송장), 왜 중요할까?

C/I는 '상업송장'이라고 불리며, 영어로는 Commercial Invoice의 약자다. 이 서류는 수출자에게는 제품을 판매했으니 돈을 달라는 '대금 청구서' 역할을 하고, 바이어(수입자)에게는 물품(화물)을 샀다는 '매입 영수증' 역할을 한다. 특히 수입 신고를 할 때 세금을 산출하는 아주 중요한 자료가 되어서, 바이어(수입자)는 이 서류를 통해 세금을 정확하게 신고해야 한

다. 상업송장은 무역 거래의 투명성과 정확성을 보장하는 핵심 문서라고 할 수 있다.

3. C/I, P/L, B/L은 무역 서류 삼총사!

상업송장(C/I)은 패킹 리스트(Packing List)와 B/L(선하증권)과 함께 무역 서류의 '3대장'으로 불린다. 패킹 리스트는 물품(화물)의 포장 내용, 즉 어떤 물품(화물)이 얼마나 포장되어 있는지 상세히 알려주는 서류이고, B/L은 선박으로 물품(화물)을 운송했다는 증거 서류이다. 이 서류들이 정확하게 준비되어야 무역 운송 및 대금을 원활하게 받을 수 있다.

4. P/I(가송장), 어떤 역할을 할까?

P/I는 '가송장'이라고 불리며, Proforma Invoice의 약자다. 이 서류는 수출자가 바이어(수입자)에게 제품의 수량, 금액, 스펙 등을 미리 확인시켜 주면서 실전에서는 계약서 역할을 한다. 상업송장(C/I)과 비슷해 보일 수 있지만, P/I에는 단가, 수량, 선적 방법, 결제 조건, 납기일, 은행 계좌 등 무역 계약에 필요한 모든 조건이 담겨 있어서, 바이어(수입자)는 P/I를 꼼꼼히 검토한 후 최종적으로 P/O(구매주문서)를 만든다. 양측의 사인을 통해 효력이 발휘된다.

5. P/I와 P/O, 계약서와 같다?

P/I(가송장)와 P/O(구매주문서)는 수출자와 바이어(수입자)의 서명이 들어가는 아주 중요한 서류다. 서명이 들어가는 만큼 단순한 문서가 아니라, 실제 '계약서'의 일종으로 간주하며 법적인 효력도 가진다. 그러므로 이 서

류들을 대충 만들어서는 절대 안 된다. 만약 서류에 오류가 있거나 내용이 불분명하면 나중에 법적인 문제나 금전적인 손실로 이어질 수 있으니, 항상 꼼꼼하고 정확하게 작성해야 한다.

6. P/O(구매주문서), 누가 만드나?

P/O는 '구매주문서'라고 불리며, Purchase Order의 약자다. 이름 그대로 물품(화물)을 '구매하는 사람', 즉 바이어(수입자)가 작성하는 주문서다. 수출자와 메일이나 전화로 제품에 대해 논의했던 내용들을 최종적으로 정리해서, 바이어(수입자)가 정식으로 '주문하겠습니다!' 하고 확정하는 서류라 할 수 있다. 이 서류가 있어야 수출자는 물품(화물)을 준비하고 보내는 다음 단계로 넘어갈 수 있다.

7. P/I와 P/O, 작성 순서가 정해져 있나?

일반적으로는 수출자가 P/I(가송장)를 만들어서 보내주면 바이어(수입자)가 이를 확인하고 P/O(구매주문서)를 만드는 순서가 일반적이다. 하지만 무역은 정해진 규칙이나 프로세스가 없는 경우가 생각보다 많아서, 경우에 따라서는 P/O를 먼저 만들기도 한다. 중요한 것은 누가 먼저 서류를 만드느냐가 아니다. 오히려 '신뢰'를 바탕으로 서류 내용을 꼼꼼하고 정확하게 만드는 것이 가장 중요하다고 할 수 있다. 양측이 서류를 통해 약속한 내용을 반드시 이행하겠다는 의지를 갖는 것이 핵심이다.

8. 무역 서류, 왜 이렇게 꼼꼼해야 할까?

무역 서류는 단순한 종이가 아니다. 물품(화물)과 돈이 오가는 매우 중요한 문서다. 그러므로 이 서류들을 작성할 때는 '반드시 이행하겠다.'는 의지를 가지고 꼼꼼하고 정확하게 작성해야 한다. 서류에 단 하나의 오타나 잘못된 정보가 있어도 큰 문제가 생길 수 있다. 금액이나 수량이 잘못 기재되면 금전적인 손실로 이어질 수 있고, 스펙이나 조건이 잘못되면 예상치 못한 품질 문제로 번질 수도 있다. 성공적인 무역 거래를 위해서는 서류 하나하나를 신중하게 다루는 태도가 정말 중요하다고 할 수 있다.

Part 3

P/I(Proforma invoice)가 뭐길래
이렇게 중요할까?

대부분 무역이라고 하면 뭔가 복잡하고 어렵게 느껴진다. 특히 회사가 크든 작든 제대로 무역을 하려면 계약서가 필수라고 생각한다. 물론, 복잡한 무역 거래에는 계약서가 엄청 두껍고 국제 변호사의 도움까지 받아야 할 때도 있다.

하지만 모든 무역 거래가 그렇게 복잡한 건 아니다. 만약 단순한 제품을 거래하거나 계약 조건이 복잡하지 않다면 '프로포마 인보이스(Proforma Invoice)', 줄여서 P/I 하나만으로도 계약서 역할을 충분히 수행할 수 있다. P/I는 무역 거래의 시작을 알리는 중요한 문서인 만큼 그 역할을 제대로 알아야 한다.

1. P/I, 단순한 견적서가 아니다? 계약서 역할은 어떻게 할까?

P/I는 흔히 '견적서'라고 불린다. 하지만 단순히 견적서라고만 생각하면 안 된다. P/I는 실제로는 강력한 계약서 역할을 한다. 무역 거래에 필요한

모든 중요한 내용들이 P/I 안에 꼼꼼하게 다 들어있기 때문이다.

제품의 종류와 수량은 물론이고, 가격 정보, 그리고 돈을 주고받는 데 필요한 금융 정보까지 모두 포함되어 있다. 이렇게 중요한 내용들이 압축해서 한 장에 담겨 있다고 이해하면 쉽다. 더욱 강력한 점은 이 P/I에 거래하는 쌍방이 모두 사인을 하면 계약으로서의 효력이 생긴다는 것이다. 말 그대로 정식 계약서와 다름없는 중요한 문서가 되는 것이다.

2. 은행 거래도 P/I만 있으면 된다? 돈과 P/I는 어떤 관계?

P/I는 돈이 오고 가는 은행 거래에서도 아주 중요한 역할을 한다. 해외 거래에서 많이 쓰이는 L/C(신용장)를 만들 때나, T/T(전신환) 송금을 할 때 P/I는 근거 서류가 된다. P/I가 없으면 은행에서 이런 중요한 금융 거래를 진행하기 어렵다.

그만큼 P/I는 무역 거래에서 돈과 직결되는 핵심적인 문서라고 해도 과언이 아니다. 돈의 흐름을 정확하게 하고, 거래를 투명하게 만드는 데 큰 도움을 주기 때문이다. 그래서 P/I가 제대로 작성되어야 무역 대금을 원활하게 주고받을 수 있다.

3. 해외 업체와 분쟁이 생기면 P/I가 해결사 역할을 한다?

해외 업체와의 거래에서 예상치 못한 문제가 생기면 어떻게 해야 할까? 예를 들어, 결제 대금 지급을 미루거나 아예 연락을 피하는 경우 같은 상황이다. 이런 일들은 특수한 경우가 아니다. 남의 일이라고 치부해서도 안 된다. 무역하다 보면, 수출하다 보면, 누구에게나 빈번히 일어난다. 이럴 때마다 매번 법적 소송을 진행하겠는가? 현실적으로 쉽지 않다. 많은 시간과 돈이 들 뿐만 아니라, 받아야 할 돈보다 소송 비용이 더 많이 들 수도 있기 때문이다. 7만 달러를 받으려는데 국제 변호사 비용이 1억 원이 필요하다는 이야기도 있는 것처럼 말이다.

이런 분쟁 상황에서 P/I는 아주 중요한 역할을 한다. 쌍방의 사인이 들어가 있는 P/I는 강력한 증거자료가 되기 때문에, P/I가 있으면 꼭 국제 변호사를 통하지 않고도 문제를 해결할 방법들을 찾아볼 수 있다. P/I는 분쟁 시 우리 편이 되어줄 든든한 해결사라고 할 수 있다.

결론적으로, P/I는 단순한 견적서뿐 아니라 무역 거래에서 충분한 계약서 역할을 하는 문서다. 그만큼 무역 초보자들이 어려워하는 계약의 시작부터 돈 거래, 그리고 혹시 모를 분쟁 상황까지, P/I 한 장으로 많은 것들을 해결할 수 있다는 점은 꼭 기억해야 한다.

Part 4

무역의 필수서류, 샘플 인보이스와 커머셜 인보이스! 무엇이 다를까?

1. 커머셜 인보이스, 어떤 역할을 하나?

커머셜 인보이스는 말 그대로 '상업용 송장'이다. 거래하는 상품의 중요한 정보들을 아주 상세하게 기록해 놓은 문서다. 이 서류는 수출하는 사람에게는 물품(화물)값을 청구하는 대금 청구서 역할을 하고, 수입하는 사람에게는 물품(화물)을 샀다는 매입 명세서가 된다. 특히 수입할 때 세금을 신고하는 핵심 자료가 되기 때문에, 세금 문제와 직접적으로 연결되는 서류라고 할 수 있다.

2. 샘플 인보이스는 왜 필요할까?

그러면 샘플 인보이스는 언제 필요할까? 해외 출장을 가서 바이어(수입자)에게 샘플을 보여줄 때, 이 제품이 판매용이 아닌 샘플이라는 것을 증명하기 위해 사용된다. 또한, 해외로 샘플을 보낼 때 DHL이나 FEDEX 같은 해외 특송을 통해 세관에 제출해야 할 때도 샘플 인보이스를 작성해야 한다. 이 서류에는 내용이 너무 복잡하지 않게, 간단하고 명료하게 작성하는 것이 중요하고 꼭 '판매용 아님(Not for sale)'이라는 문구를 넣어야 한다.

3. 샘플 인보이스, '판매용 아님' 문구가 왜 중요할까?

샘플은 말 그대로 판매용이 아니다. 그래서 원래 가격을 적을 필요가 없다. 만약 샘플 인보이스에 실제 판매 가격을 적게 되면 세관에서 통관할 때 세금이 부과될 수도 있고, 다른 복잡한 문제들이 생길 수도 있다. 따라서 '판매용 아님' 같은 문구를 꼭 명시해서 샘플임을 분명히 해야 한다.

4. 왜, 바이어(수입자)와 충분히 협의해야 할까?

무역에서는 현지 상황을 잘 아는 것이 중요하다. 특히 수입하는 나라의 통관 절차나 규정은 현지 바이어(수입자)가 가장 잘 알고 있다. 그래서 큰 문제가 없다면 바이어(수입자)의 의견을 따르는 것이 일반적이다. 샘플 인보이스를 작성할 때도 바이어(수입자)와 충분히 이야기를 나누고 협의하는 것이 필요하다. 바이어(수입자)의 의견을 들으면 불필요한 문제를 미리 방지할 수 있기 때문이다. 추가로 필요한 문구도 현지 바이어(수입자)와 상의하는 것이 좋다.

5. 커머셜 인보이스와 샘플 인보이스, 핵심 차이점은 무엇일까?

커머셜 인보이스와 샘플 인보이스는 둘 다 '인보이스'라는 이름이 붙지만, 사용되는 목적과 내용에서 중요한 차이가 있다. 커머셜 인보이스는 판매를 목적으로 하는 상품에 대한 대금을 청구하고 수입 신고를 할 때 사용되는 상업용 문서다. 반면에 샘플 인보이스는 판매용이 아닌, 단순히 샘플임을 증명하기 위한 서류라 할 수 있다.

구 분	커머셜 인보이스 (Commercial Invoice)	샘플 인보이스 (Sample Invoice)
목 적	판매용 상품의 대금 청구 및 수입 신고 자료	판매용이 아닌 샘플 제품 증명
용 도	수출자 대금 청구서, 바이어(수입자) 매입 명세서, 과세 증거자료	해외출장 시 샘플 증명, 해외 샘플 발송 시 세관 제출
가격 기재	실제 판매 가격 기재	정상 가격 기재 불필요(세금 문제 방지)
필수 문구	해당 사항 없음	'판매용 아님'(Not for sale) 문구 필수
주요 역할	세금과 직결, 은행 증빙 자료	샘플임을 명확히 하여 통관 문제 예방

Part 5

무역 쵸보도 알기 위운 B/L 완전 정복!
마스터 B/L, 하우스 B/L, 오리끼널 B/L, 써렌더 B/L

1. 마스터 B/L과 하우스 B/L, 뭐가 다른가?

무역을 하다 보면 마스터 B/L이랑 하우스 B/L이라는 말을 종종 듣게 된다. 선사는 한 컨테이너를 통째로 싣는 일(FCL)을 주로 한다. 하지만 소량의 물품(화물)을 보낼 때는 포워더에게 맡기게 된다. 포워더는 선사로부터 한 컨테이너를 받아와서 그 공간(space)을 쪼개서 소량 화주에게 판매한다고 생각하면 이해하기 쉽다. 이때 선사가 포워더에게 발행하는 게 바로 마스터 B/L이다. 그리고 포워더는 이 마스터 B/L 하나를 가지고 여러 명의 고객에게 다시 B/L을 발행하는데, 이게 바로 하우스 B/L이 된다. 그러니까 하나의 마스터 B/L이 여러 개의 하우스 B/L로 쪼개질 수 있다고 생각하면 쉽다. 우리가 흔히 'B/L'이라고 부르는 건 대부분 하우스 B/L을 말하는 경우가 많다.

2. B/L이 없으면 물품(화물)을 못 찾는다?

B/L이 없으면 바이어(수입자)는 항구에 도착한 자기 물품(화물)을 찾을 수 없다. 이 서류가 바로 물품(화물)의 주인을 증명하는 중요한 문서이기 때문이다. 그래서 물품(화물)을 받으려면 바이어(수입자)는 반드시 B/L을 수출자로부터 받아야 한다.

보통 오리지널 B/L은 DHL이나 FedEx 같은 특송 서비스를 통해서 주고받는 게 일반적이다. 특히 일부 위험한 특정 국가로 물품(화물)을 보낼 때는 안전을 위해 오리지널 B/L을 보내는 경우가 많지만, 이렇게 서류를 주고받는 데는 시간이 좀 걸린다는 단점이 있다. 왜냐하면, 출고하고 선적한 후 수출자는 포워더로부터 오리지널 B/L을 수령하고 다시 특송을 통해 발송해야 하기 때문이다. 그래서 급하게 물품(화물)을 받아야 하거나, 지리적으로 가까운 나라(중국, 일본, 동남아 등)와의 거래에서는 다른 방법, 즉 '서렌더'를 사용하기도 한다.

3. 서렌더 B/L이란? 오리지널이랑 뭐가 다를까?

서렌더 B/L은 오리지널 B/L과 다르게 실물 서류를 주고받을 필요가 없다. 수출자가 서렌더 B/L로 진행하겠다고 포워더에게 요청하면 포워더가 전자적인 방식으로 처리해준다. 즉, 수출국에서 물품(화물)을 보낸 사람이 포워더에게 '누구에게 이 물품(화물)을 양도한다'라고 알리면, 수입국에서는 실물 B/L 없이도 그 바이어(수입자)가 물품(화물)을 찾을 수 있게 해주는 방식이다.

이렇게 하면 오리지널 B/L을 국제 특송으로 보낼 필요가 없어서 시간이 절약되고 비용도 아낄 수 있다. 그래서 중국, 일본, 동남아처럼 가까운 나라와 무역할 때 또는 바이어(수입자)의 별도의 요청으로 서렌더 B/L을 많이 사용한다. 장점은 급하게 물품(화물)을 받아야 하는 경우에 아주 유용하다는 것이다.

4. 텔렉스 릴리즈(Telex release)는 서렌더 B/L이랑 같은 말?

실전 무역을 하다 보면 텔렉스 릴리즈라는 용어도 많이 보게 된다. 텔렉스 릴리즈는 서렌더 B/L과 같은 의미라고 생각하면 된다. 국내에서는 서렌더 B/L, 해외에서는 텔렉스 릴리즈라는 용어를 주로 쓰는 편이다. 핵심은 둘 다 실물 B/L 없이 전자적으로 물품(화물)을 찾을 수 있게 해주는 방식이라는 점이다.

5. B/L, 아무 때나 넘겨주면 안 된다?

B/L을 바이어(수입자)에게 넘겨준다는 것은 그 물품(화물)에 대한 소유권리를 포기한다는 뜻이다. 그래서 무역 대금을 다 받았는지 확인하고 아주 신중하게 처리해야 한다. 돈도 안 받았는데 B/L을 먼저 넘겨줘 버리면 물품(화물)도 잃고 돈도 못 받을 수 있기 때문이다.

특히, 신용장(L/C) 거래에서는 서렌더 B/L보다는 오리지널 B/L을 사용한다. L/C 거래는 은행이 개입해서 대금 지급을 보증하는 방식이라, 네고 서류를 통한 안전한 절차를 더 중요하게 생각하기 때문이라 할 수 있다. 각 거래의 특성을 잘 파악해서 올바른 B/L 종류를 선택하고, 절대 함부로 B/L을 넘겨주지 않도록 주의해야 한다.

Part 6

인보이스와 패킹 리스트는 내가, B/L은 누가?
무역 서류 발행의 비밀

수출입 업무의 기본은 서류 작업에서 시작된다. 그중에서도 인보이스(상업송장), 패킹 리스트(포장명세서), 그리고 B/L(선하증권)은 거래의 시작과 끝을 책임지는 핵심 3 대장이다. 하지만 이 세 가지 서류는 비슷해 보여도 발행 주체부터 법적 효력까지, 그 '급'이 완전히 다르다. 이 차이를 모른다면 자칫 큰 낭패를 볼 수 있다.

1. 인보이스와 패킹 리스트: 수출자의 영역, 얼마든지 수정과 재발행 가능

결론부터 말하자면, 인보이스와 패킹 리스트는 수출자가 직접 작성하고 발행하는 서류다. 즉, 서류의 작성 주체가 바로 '나 자신(수출 기업)'이다.

- 인보이스(Invoice): 거래 대금을 청구하는 목적으로, 제품의 단가와 총액 등 '돈'에 대한 정보를 담는다.
- 패킹 리스트(Packing List): 포장된 화물의 수량, 무게, 부피 등 '화물'의 물리적 정보를 담는다.

이 두 서류는 수출자가 필요에 따라 얼마든지 새로 만들거나 수정할 수 있다. 예를 들어, 바이어의 요청으로 가격을 낮춘 언더밸류(undervalue) 인보이스를 발행하거나, 포장 방식이 변경되어 패킹 리스트를 다시 작성하는 일도 가능하다. 즉, 수십 장이라도 새로 찍어낼 수 있는, 수출자의 통제하에 있는 서류인 셈이다.

2. B/L(선하증권): 운송사의 영역, 단 한 번만 발행되는 '땅문서'

하지만 선하증권(B/L)은 차원이 다른 이야기다. B/L은 수출자가 아닌, 화물 운송을 책임지는 선사(Shipping Line)나 포워더(Forwarder)가 발행한다. 발행 주체가 내가 아닌 제3의 운송 주체라는 점이 가장 큰 차이다.

더 중요한 것은, B/L 원본은 단 한 번만 발행되는 것이 철칙이라는 사실이다. B/L은 단순한 운송 증빙서류를 넘어, 해당 화물의 소유권을 증명하는 '유가증권'이기 때문이다. 이는 부동산의 '등기권리증'이나 '땅문서'와 같은 역할을 한다. 만약 B/L을 여러 장 발행할 수 있다면 진짜 주인이 누구인지 알 수 없게 되어 국제 무역의 근간이 흔들리게 된다.

3. 발행 주체와 발행 횟수가 중요한 이유

이 차이는 실무에서 엄청난 중요성을 가진다.

인보이스와 패킹 리스트는 수출자가 통제할 수 있으므로 유연한 대응이 가능하지만, 그만큼 위변조의 위험도 존재한다.

B/L은 공신력 있는 제3자인 운송사가 단 한 번만 발행하므로, 누구도 임의로 화물의 소유권을 주장하거나 변경할 수 없도록 하는 무역의 핵심 안전장치인 셈이다.

따라서 일부 정보가 틀렸다고 해서 B/L에 기재된 내용을 수출자 마음대로 바꿀 수 없다. 모든 수정은 발행 주체인 선사나 포워더를 통해 공식적인 절차를 밟아야 한다. 이 간단한 차이를 이해하는 것이 곧 무역의 리스크를 관리하는 첫걸음이 된다.

Chapter 4

돈
때문에
겁먹지 마라

가격 협상과 대금 회수의 모든 것

Part 1

무역 대금, T/T와 L/C!
어떤 방식이 나에게 유리할까?

1. 무역, 왜 '돈'이 가장 중요할까?

무역은 무엇일까? 서로 다른 나라 사이에서 물품(화물)을 사고파는 활동이다. 무역을 시작하는 목적은 다양하지만, 가장 중요한 것은 바로 '돈'이다. 물품(화물)을 성공적으로 거래하고, 그 대금을 제대로 주고받는 것이 무엇보다 중요하다. 결국 무역의 모든 과정은 무역 대금이 100% 입금되어야 완벽하게 끝나는 것이라 할 수 있다.

2. 무역 대금, T/T와 L/C는 무엇인가?

무역 대금을 주고받는 방식에는 크게 두 가지가 있다. 바로 T/T(전신환)와 L/C(신용장) 방식이다. 이 두 가지 방식은 무역 대금 결제의 양대 산맥이라고 불릴 만큼 널리 쓰인다. 이제 각각의 방식이 어떻게 다른지 자세히 알아보자!

3. T/T(전신환)는 어떤 방식인가?

　T/T는 '전신환'이라고 불리며, 가장 간단한 무역 대금 결제 방식이다. 쉽게 말해, 바이어(수입자)가 수출자의 통장으로 돈을 직접 보내는 방식이다. 바이어(수입자)는 수출자의 은행명, 계좌번호, 이름, 그리고 스위프트 코드(Swift Code)와 같은 정보를 알아야 한다. 이 정보들은 보통 'P/I(Proforma invoice)'에 적혀있으니 참고하면 된다.

4. T/T, 이렇게 편리한데 조심할 점은 없나?

　T/T 방식은 간편하다는 큰 장점이 있지만 바이어(수입자) 입장에서는 조심해야 할 점이 있다. 만약 수출자를 신뢰하지 못한다면 선뜻 돈을 먼저 보내기가 어려울 수 있다. 한번 계좌 이체된 돈은 다시 돌려받기가 거의 불가능하기 때문이다. 그래서 바이어(수입자)와 수출자 사이에 깊은 신뢰가 없으면 T/T 결제는 어렵다고 볼 수 있다. 역으로 생각하면, '당신 같으면 쉽게 보낼 수 있는지?' 반문할 필요가 있다.

5. L/C(신용장) 조건에서 은행의 역할은?

　L/C는 '신용장'이라고 불리는 결제 방식이다. T/T와 달리 은행이 중간에서 어느 정도 역할을 한다는 점이 가장 큰 특징이다. 바이어(수입자)가 자신의 거래 은행에 L/C 발행을 의뢰하면 이 과정이 시작된다. 그러면 수출자는 신용장에 적힌 조건에 맞춰 무역 서류를 은행에 제출하고, 은행은 그 서류를 확인한 후 바이어(수입자)를 대신해서 수출자에게 대금을 지급하는 시스템이다.

6. L/C, 은행이 모든 걸 책임지는 건 아니다?

L/C 방식은 은행이 개입하기 때문에 T/T보다 안전하다고 생각할 수 있다. 하지만 은행이 모든 것을 책임져주는 것은 절대 아니라는 점을 꼭 기억해야 한다. 은행은 수출자가 보낸 물품(화물)의 품질이나 수량을 직접 확인하진 않는다. 단지 신용장에 명시된 서류가 정확하게 제시되었는지, 그리고 그 서류가 물품(화물)이 출고되었다는 것을 증명하는지 여부만 확인한다. 그래서 서류만으로도 충분히 속을 수도 있다는 점에 유의해야 한다.

7. 만약 문제가 생기면 어떻게 해야 할까?

무역 거래에서는 T/T든 L/C든, 예상치 못한 문제가 발생할 수 있다. 예를 들어, 불량 제품을 보냈다거나 수량이 부족하거나, 심지어 다른 제품을 보냈다는 이야기도 많다. 이렇게 문제가 발생하면 어떻게 해야 할까? 결국에는 바이어(수입자)와 수출자 당사자들이 직접 해결해야 한다.

8. 나에게 맞는 무역 대금 결제 방식은 무엇일까?

T/T와 L/C는 각각의 장단점이 분명하다. 어떤 방식이 더 유리하다고 단정하기는 어렵고, 자신의 상황에 맞는 방식을 선택하는 것이 중요하다.

무역 대금 결제 방식을 선택할 때는 거래 상대방과의 신뢰도, 거래 규모, 지불해야 할 수수료, 그리고 내가 감수할 수 있는 위험의 정도 등을 종합적으로 고려해서 가장 합리적인 결정을 내리는 것이 현명하다.

Part 2

L/C, 어렵지 않다!
무역 거래의 핵심, 신용장을 파헤쳐 보자

1. L/C, 대체 뭘까? 무역 거래의 필수인가?

L/C는 '신용장'이라고 부르는 무역 거래의 아주 중요한 약속이다. 마치 돈을 빌릴 때 차용증을 쓰는 것처럼, 수출자와 바이어(수입자) 사이에서 대금을 안전하게 주고받기 위한 문서라 할 수 있다. 이 신용장이 있으면 수출자는 물품(화물)을 보냈는데 돈을 못 받을까 봐 걱정할 필요가 없다. 마찬가지로 바이어(수입자)도 돈을 먼저 보냈는데 물품(화물)을 못 받을까 봐 불안해하지 않아도 된다. 즉, L/C는 서로 믿고 거래할 수 있도록 도와주는 은행이 안전장치 역할을 한다.

다시 말해서, 신용장이 있으면 거래 과정에서 발생할 수 있는 여러 위험을 줄일 수 있다. 특히 처음 거래하는 상대방이거나 멀리 떨어진 나라와 거래할 때는 더욱 필요하다. 그래서 무역에서는 이 L/C가 T/T와 함께 필수적으로 사용된다.

2. L/C at Sight와 L/C Usance, 어떤 차이가 있나?

L/C에는 크게 두 가지 종류가 있다. 바로 'L/C At Sight'와 'L/C Usance'다. 이름이 조금 어렵지만, 쉽게 설명하면 L/C At Sight는 수출자가 은행에 서류를 제출하면, 서류를 확인한 즉시 대금을 받을 수 있는 방식이다. 우리가 편의점에서 물품을 사고 바로 돈을 내는 것처럼 서류와 동시에 돈을 받는다고 생각하면 쉽다.

반면에 L/C Usance는 서류를 제출한 후 바로 대금을 받는 것이 아니라, 일정 기간이 지난 후에 대금을 받는 방식이다. 쉽게 말해, 외상 거래와 비슷하다고 볼 수 있다. 이 방식은 바이어(수입자)에게는 좋은데, 수출자는 돈을 늦게 받으니 조금 답답할 수 있다.

3. L/C에서 '추심'과 '네고'는 무엇인가?

수출자가 L/C를 통해 대금을 받는 방법에는 '추심'과 '네고'라는 것이 있다. 추심은 수출자가 물품(화물)을 보내고 서류를 은행에 제출하면 은행이 바이어(수입자)에게 서류를 보내고, 바이어(수입자)가 돈을 결제하면 그 돈이 다시 수출자에게 들어올 때까지 기다리는 방식이다. 돈이 들어올 때까지 기다려야 하니 시간이 좀 걸릴 수 있다.

반면에, '네고'는 수출자가 서류를 은행에 제출하면 은행에서 수수료를 조금 떼고 바로 수출자 통장에 돈을 넣어주는 방식이다. 돈이 바로 들어오니 수출자 입장에서는 훨씬 편하고 빠르게 자금을 확보할 수 있게 된다. 대부분의 수출자는 즉시 돈을 받고 싶어 하기 때문에 이 '네고' 방식을 선호하는 편이다. 비록 비용이 조금 들더라도 말이다.

4. Usance L/C, 왜 일정 기간 후에 돈을 받을까?

Usance L/C는 말했듯이 일정 기간 후에 대금을 받는 방식이다. 그럼, 왜 굳이 기다려야 할까? 주로 바이어(수입자)의 사정 때문이다. 바이어(수입자)가 당장 대금을 지급하기 어렵거나 물품(화물)을 받아서 판매한 후에 대금을 지급하고 싶을 때 이 Usance L/C를 사용한다. 하지만 수출자는 기다리기 싫을 수 있다. 수출자는 Usance L/C라도 '네고'를 통해 바로 돈을 받고 싶어 한다. 이때 '네고'를 하면 일정 기간의 이자를 미리 할인해서 받는다고 생각하면 된다. 즉, 미래에 받을 돈을 현재 시점에 조금 할인해서 당겨받는 것이다. 그 비용을 수출자가 지급하면 Shipper's usance, 바이어(수입자)가 지급하면 Banker's usance가 된다.

5. Banker's Usance와 Shipper's Usance, 무엇이 다를까?

Usance L/C는 또다시 'Banker's Usance'와 'Shipper's Usance'로 나눌 수 있다. 이 둘의 가장 큰 차이점은 '누가 그 비용을 부담하느냐'에 달려 있다. Banker's Usance는 바이어(수입자)가 그 비용을 부담하는 방식이기 때문에 수출자는 아무런 부담 없이 무역 대금을 받게 된다. 하지만 Shipper's Usance는 수출자가 그 비용을 부담하는 방식이다. 수출자 입장에서는 그 비용까지 내면서 대금을 늦게 받는 것이니 당연히 싫어한다. 그래서 대부분의 무역 거래에서는 바이어(수입자)가 그 비용을 부담하는 Banker's Usance가 일반적이라고 할 수 있다. 여기서 중요한 것은 수출자는 L/C를 받을 때 Banker's Usance인지, Shipper's Usance인지 꼭 확인해야 한다는 것이다.

6. 수출자는 왜 Banker's Usance를 선호할까?

수출자 입장에서는 Banker's Usance와 L/C At Sight가 사실상 같은 조건으로 느껴진다. 왜냐하면 Banker's Usance의 경우 바이어(수입자)가 그 비용을 부담하기 때문에, 수출자는 대금을 제때 받지 못해서 생기는 손해를 보지 않는다. 즉, 수출자가 '네고'를 통해 바로 돈을 받는다고 해도 그 비용은 바이어(수입자)가 부담하니, 수출자는 손해 볼 것이 없다. 그래서 수출자는 Banker's Usance를 받았다고 해서 특별히 흥분할 필요는 없다. L/C At Sight처럼 서류 제출 후 바로 대금을 받을 수 있는 조건과 크게 다르지 않기 때문이다. 오히려 수출자에게는 안정적인 대금 회수 방법 중 하나가 될 수 있다.

7. 바이어(수입자)는 왜 Banker's Usance를 선택할까?

바이어(수입자) 입장에서도 Banker's Usance는 매우 유리한 조건이다. 왜냐하면 물품(화물)을 받고 나서 바로 대금을 지급하지 않고, 일정 기간 돈을 융통하고 있다가 나중에 지급할 수 있기 때문이다. 이렇게 되면 바이어(수입자)는 자금 운용에 여유를 가질 수 있다. 예를 들어, 물품(화물)을 받아서 팔고 그 돈으로 대금을 갚을 수도 있기 때문이다. 은행이 수출자에게 먼저 대금을 지급해 주고, 바이어(수입자)는 은행에 나중에 갚는 구조이기 때문에 바이어(수입자)는 마치 은행에서 잠시 돈을 빌려 쓰는 것과 비슷한 효과를 누릴 수 있다. 이런 자금의 유연성 때문에 바이어(수입자)들은 Banker's Usance를 선호하는 경우가 많다.

8. 은행은 Banker's Usance에서 어떤 역할을 하나?

은행은 Banker's Usance에서 아주 중요한 중간자 역할을 한다. 은행은 수출자에게 먼저 대금을 지급하고, Usance 기간이 끝난 후에 바이어(수입자)에게 대금을 요청한다. 쉽게 말해, 은행이 수출자에게 돈을 먼저 내준 다음, 바이어(수입자)에게 그 돈을 받는 것이다. 하지만 은행으로서도 위험은 있다. 만약 바이어(수입자)가 Usance 기간이 끝난 후에 파산하거나 대금을 지급하지 못할 수도 있기 때문이다. 이런 위험을 줄이기 위해 은행은 바이어(수입자)로부터 담보를 받거나 다른 방법으로 리스크를 관리한다. 덕분에 수출자는 안전하게 대금을 받고, 바이어(수입자)는 자금 여유를 가질 수 있게 된다.

9. L/C 조건, 왜 꼼꼼히 확인해야 할까?

무역 거래에서 L/C를 받으면 그 내용을 정말 꼼꼼하게 확인해야 한다. 특히 Banker's Usance인지 Shipper's Usance인지를 반드시 확인해야 한다. 왜냐하면, 이 조건에 따라 그 비용을 누가 부담하는지, 그리고 언제 대금을 받을 수 있는지 모든 것이 달라지기 때문이다.

만약 Shipper's Usance인데, Banker's Usance인 줄 알고 있었다면 나중에 이자 부담 때문에 수출자는 손해를 볼 수도 있다. 반대로, 바이어(수입자) 또한 조건을 제대로 확인하지 않아 불필요한 비용을 지불할 수도 있다. 그래서 L/C의 모든 조건을 하나하나 자세히 살펴보는 것은 매우 중요하다.

Part 3

무역 대금 미회수, 불안한 T/T 결제!
어떻게 해야 안전할까?

1. 무역 대금, T/T 방식이란? 왜 불안할까?

무역 대금 결제 방식은 여러 가지가 있지만, T/T(Telegraphic Transfer) 방식은 정말 흔하게 사용된다. T/T 방식은 선수금을 먼저 받을 수 있다는 큰 장점이 있다. 물품(화물)을 만들기도 전에 일부 돈을 받을 수 있으니, 수출자 입장에서는 아주 좋은 조건임은 틀림없다. 하지만 문제는 잔금에서 생긴다. 물품(화물)을 선적했는데 바이어(수입자)가 잔금을 제때 주지 않을 수 있기 때문이다. 이럴 때 수출자는 정말 난감해진다. 바이어(수입자)가 약속을 지키지 않으면 무역 대금을 회수하기가 정말 어려워질 수밖에 없기 때문이다.

무역 계약을 할 때는 수출자와 바이어(수입자) 모두의 역할이 중요하다. 수출자는 물품(화물)을 제때 보내야 하고, 바이어(수입자)는 무역 대금을 제때 내야 한다. 만약 바이어(수입자)가 T/T 잔금을 약속대로 내지 않는다면 보통 세 가지 방법을 생각해볼 수 있다.

첫 번째는 계약을 파기하는 것, 두 번째는 B/L(선하증권)을 넘겨주지 않고 버티는 것, 그리고 마지막은 국제 소송을 하는 것이다. 하지만 이 방법들이 생각보다 쉽진 않다.

2. 바이어(수입자)가 돈을 안 주면 계약 파기하면 되나?

바이어(수입자)가 돈을 안 주면 계약을 파기하고 싶다는 생각이 들 수 있다. 당연히 계약 파기는 가능하다. 그런데 이건 우리가 원자재도 확보하지 않았고, 물품(화물)도 생산하기 전이라서 손실이 전혀 없을 때나 가능한 이야기다. 현실에서는 대부분 계약서(P/I)를 작성하면 최소한 원자재라도 미리 확보하기 시작한다. 이때 들어가는 돈이 바이어(수입자)에게 받은 선수금보다 많을 때가 대부분이다. 이렇게 되면 계약을 파기한다고 해도 이미 들인 돈 때문에 손해를 볼 수밖에 없다. 결국 이런 상황이 생기면 정말 곤란해지는 상황이 벌어지게 된다.

3. B/L(선하증권)을 안 넘겨주면 돈을 받을 수는 있을까?

두 번째 방법은 B/L(선하증권)을 넘겨주지 않고 버티는 것이다. 한마디로 "돈을 안 받았으니 B/L도 줄 수 없다!"는 뜻이다. 하지만 B/L 이야기가 나온다는 건 이미 우리 물품(화물)이 배에 실려 바다 위에 둥둥 떠다니고 있다는 의미이다. 이때부터 상황은 정말 복잡해진다.

배가 도착하고 일정 시간 지나면 '데모리지 차지(Demurrage Charge)' 같은 추가 비용이 발생하기 시작한다. 데모리지 차지는 물품(화물)이 항구에 너무 오래 머물러서 발생하는 일종의 '지연료'다. 이런 추가 비용도 문제지만, 더 큰 문제는 그 제품 처리 부분에 있다. 특히 OEM(주문자 생산 방식)으로 만든 제품이라면, 그 바이어(수입자)에 특화된 제품이라면, 상황은 더욱 골치 아파진다. 다른 회사 이름으로 생산된 제품과 스펙이기 때문에 재판매가 어려워질 수 있기 때문이다.

4. 국제 소송, 정말 답이 될까?

세 번째 방법은 국제 소송이다. 무역에서 'D/A 조건', 'D/P 조건'이라는 말을 들어본 적 있을 것이다. 뒤에 언급하겠지만, 이 두 가지 모두 외상 거래와 비슷하다고 보면 된다. D/A는 물품(화물)이 도착하면 바이어(수입자)는 먼저 물품(화물)을 받고 돈은 나중에 주겠다는 뜻이고, D/P는 물품(화물)이 도착하면 바이어(수입자)는 돈을 주고 물품(화물)을 찾아간다는 뜻이다. 이 두 가지 조건의 공통점은 바이어(수입자)가 돈을 안 주면 끝! 딱히 대응력이 없다는 것이다. 만약 처음부터 이런 외상 조건으로 계약한 것이 아니라면, 바이어(수입자)가 돈을 안 줄 때 소송을 할 수는 있다.

하지만 국내에서도 포워더나 공장, 물류 업체, 원자재 업체와 문제가 생겨도 법으로 해결하기 쉽지 않다. 시간도 오래 걸린다. 하물며 해외라면 어떨까? 훨씬 더 어렵다. 무역 대금과 비교하면 소송 비용이 정말 만만치 않다. 게다가 정신적, 육체적 스트레스도 심하고, 시간도 많이 뺏긴다. 물론 문제를 해결할 방법이 아예 없는 건 아니지만, 수수료가 엄청나게 비싼 경우가 많다. 결국 이런 모든 방법을 고려해 보면, 무역 대금과 관련된 리스크(Risk, 위험요소)를 미리 잘 관리하는 것만이 최선의 방법이라는 것을 알 수 있다.

5. T/T 결제, 어떻게 해야 안전할까?

수출하는 사람들이 흔히 하는 말이 있다. 무역에서 생길 수 있는 리스크(Risk, 위험요소)를 최소화하려면 공장에서 물품(화물)이 출고되기 전에 대금을 받는 것이 가장 좋고, 배가 뜨기 전이 두 번째, 그리고 버가 도착하기 전이 세 번째라는 것이다. 그래서 T/T 조건을 보면 선수금과 잔금의 시기를 이런 기준에 맞춰서 정하는 경우가 많다.

결론적으로, T/T 결제 방식을 이용할 때는 바이어(수입자)가 대금을 제대로 지급하지 않을 경우를 대비해서 사전에 리스크 관리를 철저히 해야 한다. 계약 파기, B/L 미인도, 국제 소송 같은 방법들이 있긴 하지만, 각각의 방법에는 현실적인 어려움과 큰 비용이 따른다. 그러니 처음부터 계약할 때 선수금이나 잔금의 지급 시기를 잘 조율해서 불안감을 최소화하는 것이 정말 중요하다. 무역은 리스크(Risk, 위험요소)를 잘 관리하는 것부터 시작된다는 것을 꼭 기억해야 한다.

Part 4

수출할 때 돈은 언제, 얼마나 받아야 할까?
T/T 결제 방식의 정석

수출을 처음 시작하는 경우 '돈을 언제, 얼마나 받아야 할까?' 하는 고민은 정말 큰 벽처럼 느껴질 수 있다. 마음 같아서는 계약하자마자 돈을 100% 다 받으면 좋겠지만, 현실은 그리 녹록지 않다. 돈을 받는 비율이나 시기를 수출자가 마음대로 정하기 어려운 이유는 바로 바이어(수입자)의 입장도 고려해야 하는 '협상'이라는 큰 과정이 있기 때문이다. 바이어(수입자)는 선수금을 미리 주면 혹시나 제품을 받지 못할까 봐 걱정할 수 있는 것은 당연하다. 이런 걱정을 덜어주면서도 우리 회사의 리스크를 줄이는 방법을 찾아야 하는 게 협상의 맥이라 할 수 있다.

1. 바이어(수입자)와 돈 문제, 어떻게 협상해야 할까? (선수금과 잔금 비율의 비밀)

수출자와 바이어(수입자)는 서로의 상황을 이해하며 '돈 문제'를 협상해야 한다. 가장 보편적으로 사용되는 T/T 조건은 '선수금 30%, 잔금 70%'다. 이 30%의 선수금은 주로 제품 생산에 필요한 비용을 충당하고, 생산 위험을 관리하기 위한 목적이 크다. 만약 첫 거래에서 선수금을 40%까지 올리고 싶어도, 바이어(수입자) 입장에서는 부담이 될 수 있어서 쉽지 않다.

바이어(수입자)가 선수금을 줬는데 물품(화물)을 받지 못하는 경우에는 그 손실을 그대로 떠안아야 하니, 바이어(수입자) 입장에서는 선수금을 많이 주는 것이 상당히 부담스러울 수밖에 없다. 그래서 서로에게 합리적인 선에서 비율을 정하는 것은 협상에서 핵심 요소가 된다.

2. 돈 받는 시기는 언제로 정해야 혼란이 없을까? (정확한 시기 명시의 중요성)

수출 거래에서 돈을 받는 시기를 정확히 정하는 것은 정말 중요하다. 예를 들어, 선수금을 받는 시기가 'P/I작성 시', 'P/I 작성 후 생산 전', 또는 '출고 전' 등으로 할 경우 당사자 입장에 따라 다양하게 해석될 수 있는 만큼 애매하게 시기를 정하면 나중에 서로 혼란이 생길 수 있다. 수출자가 생각하는 '생산 전'과 바이어(수입자)가 생각하는 '생산 전'이 다를 수 있는 것처럼 말이다.

그래서 계약서에 선수금과 잔금을 받는 시기를 아주 구체적으로 명시해야 한다. 단순히 '선수금 30%, 잔금 70%'라고 쓰는 대신, '선수금 30%는 P/I 작성 후 3일 이내'와 같이 명확하게 표기하는 것이 중요하다. 이렇게 하면 나중에 발생할 수 있는 오해나 혼란을 미리 막을 수 있게 된다.

3. 내가 '갑'일 때와 '을'일 때, 돈 받는 조건이 달라지나? (협상력에 따른 조건 변화)

무역 협상에서는 수출자와 바이어(수입자) 중 누가 더 '갑'의 위치에 있느냐에 따라 돈을 받는 조건이 달라진다. 만약 수출자가 시장에서 독보적인 기술이나 제품을 가지고 있거나 바이어(수입자)에게 있어 꼭 필요한 제품이라면 수출자가 '갑'의 입장이 될 수 있다. 이런 경우, 수출자는 선수금 비율을 더 높게 요구하거나 돈을 더 빨리 받는 시기를 정할 수 있게 된다.

하지만 반대로 바이어(수입자)가 훨씬 규모가 있거나 우리가 팔려는 제품을 대신할 만한 다른 공급자가 많다면 바이어(수입자)가 '갑'의 입장이 될 수 있다. 이럴 때는 우리가 원하는 대로 조건을 관철하기 어려워지고, 선수금 비율이 낮아지거나 돈을 받는 시기가 늦춰질 수도 있다. 이처럼 협상력에 따라 조건이 달라진다는 점을 이해하고 전략을 세우는 것이 필요하다.

4. 선수금만 많이 받으면 안심해도 될까? (잔금 리스크와 혼합형 결제)

선수금을 많이 받았다고 해서 마냥 기뻐할 수 있는 것만은 아니다. 아쉽지만, 선수금을 다 받아놓고 잔금으로 '장난'을 치는 업체들도 꽤 있기 때문이다. 예를 들어, 잔금을 제때 주지 않거나 여러 이유를 대며 지급을 미루는 경우다. 그러므로 선수금을 높게 받았다고 해서 마음이 들뜨기보다는 잔금에 대한 리스크도 함께 고민해야 한다.

최근에는 이런 잔금 리스크를 줄이기 위한 다양한 시도가 존재한다. 바로 '선수금은 T/T로 받고, 잔금은 L/C(신용장)로 받는' 혼합형 결제 방식이다. L/C는 은행이 대금 지급을 보증해 주는 방식이라, 잔금을 안전하게 받을 수 있는 좋은 방법임은 분명하지만 엄격히 살펴보면 수출자가 '갑'일 때 가능한 시나리오다. 이처럼 자신에게 가장 유리하고 안전한 T/T 비율과 시기, 그리고 결제 방식을 평소에 꾸준히 연구하는 것이 무역 대금 협상에 도움이 된다.

Part 5

무역 결제 방식,
COD와 CAD! 무엇이 다를까?

1. L/C와 T/T 외에 어떤 무역 결제 방식이 있을까?

무역 거래에서 대금을 주고받는 방식은 아주 중요하다. 보편적으로 L/C와 T/T를 주로 사용하지만, COD와 CAD 방식도 알아야 할 필요가 있다. 이 방식은 수출자에게 조금 불리할 수 있는 결제 방식이지만, 특정 상황에서 유용하게 쓰일 수 있다. 어떤 결제 방식을 선택하느냐에 따라 돈을 받고 물품(화물)을 보내는 타이밍이 달라지기 때문에 잘못 선택하면 손해를 볼 수도 있어서 잘 알아둘 필요가 있다.

2. COD와 CAD, 어떤 공통점이 있을까?

COD와 CAD는 모두 선수금 없이 무역 대금은 선적 후에 받는 방식이다. 그래서 수출자 입장에서는 조금 불리하게 느껴질 수 있다. 주로 수출국이나 수입국에 대리인이 있을 때 가능한 결제 방식이다. 이 두 가지 방식은 공통으로 수출자가 물품(화물)을 보낸 뒤에 대금을 받는 구조라서,

수출자는 신뢰할 수 있는 대리인을 통해 거래를 꼭 진행해야 한다.

3. COD(Cash On Delivery)는 무엇인가?

COD는 'Cash On Delivery'의 줄임말이다. 물품(화물)이 도착한 후에 바이어(수입자)가 직접 물품을 확인하고, 문제가 없으면 바로 대금을 결제하는 방식이다. 수출자는 물품(화물)을 선적하고, 선적 서류는 현지 대리인에게 보내지거나 포워더를 통해 진행된다. 물품(화물)이 도착지에 도착하면 바이어(수입자)는 물품(화물)을 대리인과 같이 검토하고, 이상이 없으면 바로 돈을 지불하는 형태이다.

4. COD는 언제 사용하면 좋을까?

이 방식은 보석 같은 귀금속이나 아주 비싼 반도체처럼, 물품을 직접 눈으로 보고 검사해야만 품질을 정확히 알 수 있는 경우에 주로 사용된다. 물품(화물)을 직접 확인하고 나서 돈을 내니, 바이어(수입자) 입장에서는 안심할 수 있는 방법이다. 바이어(수입자)는 물품의 상태를 꼼꼼히 확인하고 결제할 수 있기 때문에 혹시 모를 불량품에 대한 걱정을 덜 수 있게 된다.

5. CAD(Cash Against Document)는 무엇인가?

CAD는 'Cash Against Document'의 약자다. 수출자가 물품(화물)을 선적한 후에 대리인에게 선적 서류를 넘겨주면서 동시에 무역 대금을 받는 방식이다. 물품(화물)이 도착하기 전에 서류를 통해 거래가 이루어지는 점이 COD와 다른 점이라고 할 수 있다. 이 방식은 서류만으로도 물품(화물)의 소유권을 확인할 수 있을 때 주로 사용된다.

6. COD와 CAD, 가장 큰 차이점은?

COD와 CAD의 가장 큰 차이점은 바로 대금을 결제하는 '시점'과 '장소'에 있다.

특 징	COD (Cash On Delivery)	CAD (Cash Against Document)
결제 시점	물품(화물) 도착 후 확인 시점	선적 서류 인도 시점
결제 장소	물품(화물) 도착지	물품(화물) 선적지
바이어(수입자) 역할	물품(화물) 직접 확인 및 검토	대리인을 통해 생산 과정 점검 가능

COD는 물품(화물)이 도착한 곳에서 바이어(수입자)가 물품을 확인하고 대금을 결제하는 방식인 반면에, CAD는 물품(화물)을 선적한 곳에서 바이어(수입자)가 선적 서류를 넘겨받으면서 대금을 결제하는 방식이다. 이 차이점을 잘 이해하면 어떤 방식이 나에게 더 유리할지 판단하는 데 도움이 된다.

7. 나에게 맞는 결제 방식은 무엇일까?

COD와 CAD는 각각의 장단점이 존재한다. 어떤 물품을 거래하는지, 그리고 거래 상대방과의 신뢰 관계는 어떤지에 따라 적합한 방식이 달라질 수 있다. 고가이거나 현장 검수가 필수적인 물품이라면 COD가 유리할 수 있고, 생산 과정 검토가 중요한 경우에는 CAD가 더 적합할 수 있기 때문에 자신의 상황에 맞는 결제 방식을 선택하는 것이 중요하다.

Part 6

알아두면 도움 되는 무역 대금 D/P와 D/A, 대체 어떤 방식인가?

D/P와 D/A는 몇 가지 중요한 공통점을 가지고 있다. 먼저, 두 방식 모두 은행을 통해 거래가 이루어진다는 점이다. 여기서 은행은 단순히 서류 전달을 돕는 역할만 할 뿐 L/C처럼 은행이 대금 지급을 보증하는 것은 아니다. 가장 중요한 공통점은 바로 '선수금이 없는 외상 거래'라는 점이다. 다시 말해, 수출자가 바이어(수입자)로부터 미리 돈을 받지 않고 물품(화물)을 보내는 방식이다. 그래서 바이어(수입자)가 나중에 돈을 주지 않으면 수출자는 곤란해질 수 있다. 이런 이유로 수출자에게는 위험 부담이 큰 결제 방식이라 할 수 있다.

1. D/P는 무엇이고, 어떻게 진행되나?

D/P는 'Document against Payment'의 약자다. 말 그대로 '지급과 동시에 서류를 넘겨준다'는 의미다. 이 방식의 핵심은 바이어(수입자)가 물품(화물)을 받기 위한 선적 서류를 받으려면 반드시 먼저 무역 대금을 은행

에 지급해야 한다는 것이다. 즉, 돈을 내야 물품(화물)을 찾을 수 있다는 원칙이 적용된다.

D/P의 프로세스는 먼저 수출자가 물품(화물)을 배에 싣고(선적), 관련 서류(선적 서류)와 함께 대금을 청구하는 환어음을 자신의 거래 은행에 제출한다. 이 서류들은 수출자 은행을 거쳐 바이어(수입자) 거래 은행으로 전달된다. 그러면 바이어(수입자) 거래 은행은 바이어(수입자)에게 서류가 도착했음을 통보하고, 바이어(수입자)는 물품(화물)을 찾고 싶으면 은행에 가서 대금을 지급해야 한다. 바이어(수입자)가 지급한 대금은 최종적으로 수출자에게 전달되는 프로세스가 된다.

2. D/P, 수출자는 정말 안전한가?

D/P 방식은 바이어(수입자)가 돈을 내지 않으면 물품(화물)을 찾을 수 없기 때문에 얼핏 보면 수출자에게 안전해 보일 수 있다. 바이어(수입자)가 대금을 지급해야만 선적 서류를 넘겨받을 수 있고 물품(화물)을 찾을 수 있기 때문이다.

하지만 여기에도 숨겨진 위험이 있다. 만약 바이어(수입자)가 대금을 지급하지 않고 시간을 끌거나 통관을 일부러 늦춘다면? 이렇게 되면 수출자는 물품(화물)을 돌려받지도 못하고, 다른 구매자를 찾기도 어려워지는 난감한 상황에 처할 수 있다. 물품(화물)이 항구에 묶여 있으면 보관료가 발생하기도 하고, 심하면 다른 곳으로 다시 운송해야 하는 추가 비용이 들 수도 있다.

3. D/A는 D/P와 어떻게 다른가?

D/A는 'Document against Acceptance'의 약자다. 이건 D/P와는 아

주 중요한 차이가 있다. D/A는 바이어(수입자)가 선적 서류를 '먼저' 받고 물품(화물)을 통관시켜 찾아간 다음에, 나중에 정해진 만기일에 대금을 지급하는 방식이다. 기본적인 프로세스는 D/P와 비슷하게 은행을 통해 서류가 오가지만, 바이어(수입자)는 서류를 받자마자 돈을 내는 것이 아니라 '인수(Acceptance)'만 하면 된다. 즉, "나중에 돈을 내겠습니다."라고 약속만 하고 물품(화물)을 먼저 가져가는 것이다.

바이어(수입자) 입장에서는 물품(화물)을 미리 받아서 판매하거나 생산에 활용할 수 있으니 자금 운용에 훨씬 유리해진다. 물품(화물)을 먼저 확보하고 나중에 대금을 낼 수 있다는 점이 D/P와 가장 큰 차이점이자 D/A의 특징이다.

4. D/A, 바이어(수입자)에게는 좋지만 수출자에게는 왜 최악인가?

D/A 방식은 위에서 설명했듯이 바이어(수입자)에게는 정말 좋은 조건이다. 물품(화물)을 먼저 받아 사업에 활용하고, 대금은 나중에 지급할 수 있으니 자금 부담을 덜 수 있기 때문이다. 반면, 수출자 입장에서는 이보다 더 위험할 수 없는 방식이라고 볼 수 있다. 수출자는 물품(화물)을 먼저 보내고, 바이어(수입자)가 나중에 약속된 날짜에 돈을 주길 기다려야 하기 때문이다. 만약 바이어(수입자)가 만기일에 대금을 지급하지 않으면 수출자는 이미 물품(화물)을 넘겨준 상태라 대금을 회수하기가 매우 어려워진다. 그래서 D/A는 수출자에게 '최악'의 결제 방식으로 불리기도 한다.

이러한 큰 위험 부담 때문에 D/A는 아무 때나 사용되지 않고 보통 본사와 해외 지사 간의 거래처럼, 서로 간의 신뢰가 아주 확고하고 돈을 떼일 염려가 거의 없는 특별한 관계에서만 사용되는 경우가 대부분이다.

Part 7

수출 가격, 어떻게 정해야 팔릴까?
해외 판매 성공 비법

1. 수출 가격, 왜 이렇게 어려울까?

수출을 시작할 때 가장 고민되는 부분 중 하나가 바로 '가격 설정'이다. 즉, 수출을 고려할 때는 스펙과 가격을 함께 고민해야 한다. 특히 마진을 얼마나 가져갈지에 대한 고민은 수출 초보자에게 정말 큰 숙제다. 단순히 원가에 마진을 붙이는 방법도 있고, 시중에 판매하고 있는 판매가에서 조정하는 방법도 있으며, 국내 총판 가격에서 조율하는 경우도 있다. 하지만 무엇보다 중요한 건 바로 '해외에서 팔리느냐' 여부다.

2. 내 제품과 비슷한 제품들, 해외에서 얼마에 팔리고 있을까?

해외 시장에서 내 제품과 비슷한 상품들이 어떤 가격대에 팔리고 있는지 알아보는 것이 우선시되어야 하지만 대부분 간과하는 편이다. 예를 들어, 일본 진출을 고민한다면 대표적 판매 사이트인 '라쿠텐'을 먼저 살펴봐야 한다. 내 제품이 속한 카테고리의 가격대와 베스트셀러 제품들의 가격을 먼저 체크하고 이 정보를 바탕으로 판매 가격을 정한 다음, 역으로 계산해서 나의 원가와 마진을 검토해 보는 것이다. 필요한 경우 최소 주문 수량(MOQ), 원가, 관리비, 운송비, 스펙 변경 등을 다각도로 확인해서 감당할 수 있는지 점검해야 한다. 이처럼, 해외 타깃 국가가 있다면 이미 언급한 일본처럼 그 나라의 시장 조사를 우선시하고 꼼꼼히 살펴봐야 한다.

3. 마진율, 무조건 높게 잡으면 좋을까?

마진율은 제품 가격에 따라 유연하게 조정해야 한다. 판매가의 10% 마진을 본다고 해서 모든 제품에 일괄적으로 적용하는 것도 안 된다. 10만 원짜리 제품의 10%와 100만 원짜리 제품의 10%는 다르기 때문에 판매가에 따라 마진율은 제품별 상황별 조정해야 한다. 여기서 중요한 건 마진율이 10%든 20%든, 무엇보다 '팔리는 가격'을 염두에 두어야 한다는 것이다.

4. 수출 초보 기업이 자주 하는 실수는 무엇일까?

안타깝게도 대다수의 수출 초보 기업들은 일괄적인 가격표 하나만 만들어놓고 여러 국가에 똑같이 제시하다 실패한다는 것이다. 타깃 국가를 명확히 정하고 그 나라에 맞는 맞춤형 가격표를 준비해야 하지만 여러 현실적 핑계를 이유로 일괄 가격표를 고수하는 경우가 대부분이다. 즉, 내 중심의 가격표를 만든다는 것이다. 그리고 오더(수출 계약)가 이루어지길 기도하는데 이것은 마음에 드는 주식을 분석 없이 사고 하염없이 오르기를 기다리는 것과 같은 심리일 뿐이다.

5. 우리 제품 가격, 이 가격으로 정말 팔릴까? 어떻게 확인할 수 있지?

내 제품의 가격이 그 타깃 시장에서 통할지 궁금하다면 다시 한번 확인받고 싶어지는 것은 당연하다. 여러 번 의심하고 고민하고 다시 계산하는 것은 바람직하다. 주변 지인의 의견이나 주변 유사 제품의 수출 가격을 참고하는 예도 있지만, 실전에서 가장 유용한 꿀팁은 바로 '바이어(수입자)에게 직접 물어보는 것'이다. 전시회나 상담회처럼 바이어(수입자)를 만날 기회가 있을 때 직접 질문해 보는 것이 가장 정확한 방법으로서 그들의 의견은 가격과 스펙의 시장성을 검증하고 수정, 보완하는 데 큰 도움이 된다.

Part 8

무역 거래의 비밀
언더밸류와 오버밸류 인보이스, 왜 필요할까?

1. 언더밸류 인보이스, 대체 뭘까?

언더밸류 인보이스는 어떤 걸까? 말 그대로 실제 물품(화물) 가격보다 낮게 작성된 인보이스를 뜻한다. 보통은 계약한 금액대로 상업송장을 만드는 것이 정상이지만, 때로는 바이어(수입자)의 요청에 따라 언더밸류 인보이스를 만들기도 한다. 즉, 수출자가 원한다기보다는 바이어(수입자)의 요청에 의한 것이다. 특히 샘플을 보낼 때나, 물품(화물)을 수입하는 쪽에서 세금을 덜 내기 위해 이런 방법을 쓰곤 한다. 실제 무역에서 아주 흔하게 사용되는 방식 중 하나라 할 수 있다.

2. 샘플 보낼 때 왜 언더밸류를 할까?

샘플을 보낼 때는 유상이든 무상이든 상관없이, 보통 아주 낮은 금액으로 언더밸류 인보이스를 만든다. 예를 들어, 실제 가격이 100달러인 샘플을 1달러나 5달러로 기재하는 식이다. 이렇게 하는 이유는 통관 절차를 더 간단하게 만들고, 세금 부담도 줄이거나 없앨 수 있기 때문인데, 복잡한 서류 작업이나 예상치 못한 세금 폭탄을 피하기 위한 현명한 방법이라고 할 수 있다.

3. 수입업체는 왜 언더밸류를 원할까?

수입업체들이 언더밸류를 원하는 데는 몇 가지 이유가 있다. 가장 중요한 건 세금을 줄이는 것이다. 물품(화물)값을 낮게 신고하면 그에 따라 매겨지는 세금도 줄어들기 때문이다. 인보이스에 적힌 금액을 기준으로 모든 세금이 책정되기 때문에, 수입업체 입장에서는 이 세금을 줄이는 것이 아주 중요한 숙제지만 터무니없이 낮게 정해서는 안 된다.

4. 너무 낮게 하면 문제가 생기지 않을까?

너무 지나치게 낮은 금액으로 언더밸류를 하면 세관에서 의심해서 문제가 생길 수 있다. 세관은 이런 부분을 꼼꼼히 살펴보기 때문에 수입업체들은 세관에 걸리지 않으면서도 세금을 줄일 수 있는 적절한 선을 찾기 위해 정말 많은 고민을 한다. 계약한 금액 그대로 신고하면 세금 부담이 크고, 너무 낮게 신고하면 세관에 걸릴 위험이 있으니, 그 중간 어딘가를 찾아야 하는 것이다.

5. 오버밸류 인보이스는 무엇인가?

오버밸류 인보이스는 언더밸류와는 반대로, 실제 물품(화물) 가격보다 더 높게 작성된 인보이스를 말한다. 이런 경우는 언더밸류만큼 흔하게 사용되지는 않지만, 특정 상황에서, 바이어(수입자)의 요청으로 사용되기도 한다. 예를 들어, 바이어(수입자)가 자국에서 세금 혜택을 받거나, 투자 유치 등 다른 사업상의 이유로 인해 실제보다 높은 금액의 인보이스를 요청하는 경우라 할 수 있다.

6. 실제 인보이스와 통관용 인보이스를 따로 만든다?

실전 무역에서는 실제 거래 금액이 적힌 인보이스와 통관을 위한 인보이스를 따로 만드는 경우도 있다. 예를 들어보자. 한국에서 중국으로 물품(화물)을 수출할 때, 한국에서는 실제 금액으로 수출 통관을 진행해서 수출 실적을 잡는다. 하지만 중국 현지에서는 통관 절차를 위해 실제보다 낮은 금액이 적힌 통관용 인보이스를 바이어(수입자)에게 따로 보내서 통관을 진행하는 식이다. 이렇게 하면 양국에서 각자의 목적에 맞게 인보이스를 활용할 수 있다.

7. 언더밸류와 오버밸류, 왜 알아야 할까?

언더밸류와 오버밸류는 실전 무역에서 아주 자주 사용되는 중요한 개념이다. 이 개념들을 제대로 이해하고 있으면 무역 거래가 어떻게 이루어지는지, 그리고 왜 이런 복잡한 과정이 필요한지 더 깊이 알 수 있다. 무역은 단순히 물품(화물)을 사고파는 것을 넘어, 다양한 상황과 변수를 고려해야 하는 복잡한 비즈니스이기 때문에 인보이스의 가치 평가가 무역 거래에서 얼마나 중요한 역할을 하는지 이해하는 것이 바로 무역의 첫걸음이 된다.

Part 9

수출 사업자라면 꼭 알아야 할
영세율과 구매 확인서
실전에 적용하기

1. 수출할 때 세금이 0%라고? 영세율이란?

수출하는 물품(화물)에 대해서는 부가가치세가 0%로 적용되는 '영세율'이라는 제도가 있다. 말 그대로 세금이 0%라는 의미다. 이 제도는 수출을 더 많이 하도록 돕기 위한 정부의 혜택이 핵심이다. 당연히 수입 무역에는 해당되지 않는 제도다. 수출 기업들은 세금 부담을 덜고, 해외 시장에서 더 경쟁력을 가질 수 있게 되기 때문에 '영세율'은 우리나라의 수출 산업 발전에 아주 중요한 역할을 하고 있다.

2. 왜 수출할 때 세금을 깎아줄까?

영세율 제도는 앞서 말한 대로 우리나라의 수출을 장려하기 위한 정책이다. 수출이 많아지면 나라 경제에도 도움이 되기 때문에 정부는 세금 혜택을 통해 기업들의 수출 활동을 적극적으로 지원하고 있다.

이러한 지원은 기업들이 해외 시장으로 더 쉽게 진출하고, 더 많은 물품(화물)을 수출할 수 있도록 돕는 궁극적인 역할을 하는데, 수출 증가는 일자리 창출과 국가 경제 성장에 긍정적인 영향을 미치기 때문이다.

3. 영세율, 어떤 경우에 적용되나?

수출하기 위해 필요한 원자재를 사거나, 수출할 완제품을 구입할 때 영세율이 적용될 수 있다. 즉, 수출과 관련된 모든 과정에서 세금 부담을 줄여주는 것이다. 예를 들어, 해외로 보낼 옷을 만들기 위한 원단을 살 때도 영세율이 적용될 수 있다. 이렇게 되면 수출 기업은 제품 생산 비용을 절감할 수 있고, 이는 곧 제품의 가격 경쟁력으로 이어지게 되며 결국 더 많은 수출로 이어질 수 있는 중요한 혜택인 셈이다.

4. 구매 확인서, 그게 뭘까?

구매 확인서는 수출자가 제품을 수출했다는 증거 자료를 무역 포탈(유트레이드허브) 웹사이트에서 신청하여 받는 서류다. 이 서류가 있으면 영세율 적용을 증명할 수 있는데, 수출 거래의 투명성을 높이고 정부가 수출 실적을 정확하게 파악하는 데도 도움을 준다. 수출 기업 입장에서는 영세율 혜택을 받기 위한 필수적인 증빙 서류인 셈이다.

5. 영세율 세금 계산서, 꼭 받아야 할까?

영세율 세금 계산서 발급이 의무 사항은 아니다. 소액 거래의 경우 귀찮아서 그냥 일반 세금 계산서를 발행하기도 한다. 하지만 여기에 중요한 이유가 숨겨져 있다. 바로 '무역 실적' 때문이다. 당장은 번거로워 보여도 장기적으로 보면 수출 기업에 큰 이점으로 돌아올 수 있기 때문이다.

6. 무역 실적이 있으면 어떤 점이 좋을까?

무역 실적은 무역 금융이나 정부 지원을 받는 데 큰 도움이 된다. 또한, 나중에 은행에서 수출 관련 대출을 받을 때 유리하게 적용될 수도 있고, 정부가 제공하는 다양한 수출 지원 프로그램에 참여할 자격을 얻을 수도 있다. 무역 실적은 기업과 제품의 신뢰도를 높여주는 중요한 지표가 되기도 한다.

7. 영세율 세금 계산서와 구매 확인서, 세무 신고는 어떻게?

세무 신고를 할 때 영세율 세금 계산서와 구매 확인서를 함께 제출하면 된다. 이렇게 하면 부가가치세 0% 혜택을 정식으로 인정받을 수 있다. 세무 당국은 이 서류들을 통해 수출 거래가 정확하게 이루어졌는지 확인한다.

이 서류들은 기업의 세금 부담을 줄여줄 뿐만 아니라, 법적으로도 투명한 거래를 증명하는 중요한 역할을 한다. 꼼꼼하게 챙겨서 제출하는 것이 중요하다.

Chapter 5

물류를 지배하는
자가 비용을
지배한다

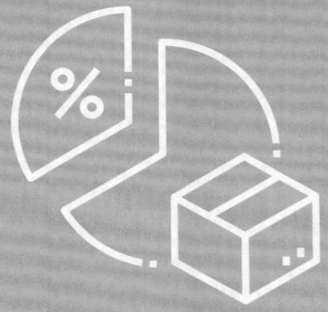

Part 1

무역의 든든한 허리,
포워더 vs 선사, 공통점과 차이점

1. 포워더는 어떤 일을 하는 회사인가?

포워더는 자체 선박이나 항공기를 가지고 있진 않다. 그럼 어떤 일을 할까? 바로 운송을 대신 주선하고, 모든 물류 업무를 처리해 주는 회사다. 마치 해외여행 갈 때 모든 것을 대신 예약하고 처리해 주는 여행사 같은 역할을 한다고 생각하면 쉽다. 일반적으로 물품(화물)을 싣고 내리는 일, 운송(내륙, 해상), 보관(창고), 그리고 통관과 같은 복잡한 업무들을 포워더가 직간접적으로 수행하거나 대행해 준다. 덕분에 수출자나 바이어(수입자)는 물류에 대한 부담을 크게 덜 수 있다.

2. 선박 회사(선사)는 포워더와 무엇이 다른가?

선박 회사는 포워더와는 다르게 직접 배를 가지고 운송 서비스를 제공하는 회사다. 그리고 이 운송 서비스에 대한 대가로 운임을 받는다. 포워더를 여행사에 비유했듯이, 선박 회사는 항공사라고 생각하면 이해하기

편할 것이다.

즉, 포워더는 물류 과정을 조율하고 대행하는 역할을 하고, 선박 회사는 직접 운송 수단을 소유하고 운송하는 역할을 하는 것이다. 둘 다 무역 물류에 없어서는 안 될 중요한 존재이다.

3. FCL과 LCL은 무엇을 의미하나?

FCL은 'Full Container Load'의 약자다. 이건 컨테이너 하나를 통째로 빌려 쓰는 것을 의미한다. 만약 보낼 물품(화물)이 컨테이너 하나를 가득 채울 만큼 많다면 FCL 방식을 선택한다. 반면에, LCL은 컨테이너의 일부 공간만 사용하는 것을 말한다. 소량의 물품(화물)을 보낼 때 유용하다.

선박 회사는 주로 컨테이너 하나를 통째로 판매하는 FCL만 취급하는 경우가 많다. 하지만 포워더는 선박 회사로부터 컨테이너를 사서, 그 컨테이너를 FCL로 다시 영업(판매)하기도 하고, 여러 고객의 소량 물품을 모아 LCL로 영업(판매)하기도 한다.

4. FCL 거래 시, 선박 회사와 포워더 중 누구와 거래해야 할까?

만약 보낼 물품(화물)이 많아서 FCL 방식으로 운송해야 한다면 선박 회사와 직접 거래할 수도 있고, 포워더를 통해 거래할 수도 있다. 어떤 쪽과 거래하는 것이 좋을지는 여러 가지를 따져봐야 한다.

예를 들어, 러시아나 중동, 남미처럼 안전성이 위협될 것 같은 특정 지역으로 보낼 때는 선박 회사와 직접 거래하는 것을 선호하는 경우가 많다. 수입하는 입장에서는 견적은 어떤지, 서비스는 좋은지, 그리고 물품(화물)이 안전하게 도착할 수 있는지 등 다양한 요소를 꼼꼼히 비교하고 결정해야 한다.

5. 소량 무역을 할 때는 왜 포워더를 많이 이용할까?

소규모로 무역을 하는 회사들은 대부분 포워더와 거래하는 경우가 많다. 그 이유는 주로 물량 때문이기도 하지만, 포워더가 제공하는 다양한 부가 서비스들이 훨씬 좋기 때문이다.

소량의 물품(화물)을 실어 보내는 LCL 방식을 이용할 때 포워더가 편리하고 효율적이다(선사는 일반적으로 FCL만 취급). 또한 포워더는 운송뿐만 아니라 통관, 운송, 보관 등 여러 서비스를 한 번에(One Stop Service) 제공해주기도 하기 때문에 복잡한 수출입 과정을 훨씬 수월하게 만들어 준다.

6. 포워더와 선사, 무역에서 꼭 알아야 하는 이유가 있나?

무역과 관련된 일을 하거나, 제조업에서 해외로 물품(화물)을 보내는 무역을 시도한다면 포워더와 선사라는 용어는 반드시 알아두어야 할 매우 중요한 단어다. 이들을 이해해야만 물류 과정을 효율적으로 관리하고 무역을 성공적으로 이끌 수 있다.

마치 길을 떠나기 전에 지도를 확인하는 것처럼, 이 두 주체를 제대로 이해하면, 물품이 해외로 나가는 과정에서 발생할 수 있는 여러 문제를 미리 방지하고, 더 나은 선택을 할 수 있게 된다.

7. 무역 물류, 어떤 과정으로 이루어지나?

무역 물류는 보통 수출자에서 시작해서 포워더를 거쳐 바이어(수입자)에게 전달되는 순서로 이루어진다. 이 과정에서 포워더가 중간에서 모든 것을 조율하고 관리하는 핵심 역할을 한다. 수출자는 물품(화물)을 만들고, 포워더는 그 물품(화물)이 안전하게 바이어(수입자)에게 도착할 수 있도록 운송 수단부터 통관까지 모든 과정을 직간접적으로 관여하는 것이다.

 포워더 덕분에 수출자와 바이어(수입자)는 물류의 복잡함에 대한 걱정을 덜고, 자신들의 본업에 집중할 수 있다. 마치 지휘자가 오케스트라를 이끌 듯, 포워더는 복잡한 무역 물류를 조율하는 중요한 역할을 한다.

Part 2

무역 쵸보를 위한 필수 가이드
CY, FCL, CFS, LCL, 이것만 알면
당신도 수출입 할 수 있다!

1. 무역, 왜 물류를 알아야 할까?

무역은 단순히 물품(화물)을 사고파는 것 이상이다. 수출자와 바이어(수입자)만큼 중요한 것이 바로 '물류'이기 때문이다. 물류는 물품(화물)이 한 곳에서 다른 곳으로 이동하는 모든 과정을 말한다. 무역을 하는 사람이라면 물류에 대한 기본적인 이해는 필수적이라고 할 수 있는데, 운송 중에 발생할 수 있는 여러 문제, 예를 들면 물품(화물) 파손이나 분실 같은 클레임을 미리 막을 수 있기 때문이다.

물류를 잘 알아야 하는 또 다른 이유는 바로 효율성 때문이다. 물류를 효율적으로 관리하면 불필요한 비용을 줄이고 시간을 절약할 수 있다. 물품(화물)이 제때 도착하고, 예상치 못한 문제 없이 운송된다면 무역 거래의 성공 가능성도 훨씬 높아진다. 그래서 물류는 무역의 핵심 요소 중 하나로 꼽힌다.

2. 운송 클레임과 운송비 변동성, 어떻게 대처해야 할까?

물류 운송에는 두 가지 중요한 어려움이 있다. 바로 '운송 클레임'과 '운송비 변동성'이다. 운송 클레임은 물품(화물)이 운송되는 도중에 문제가 생겨서 생기는 다툼을 말한다. 예를 들어 수출자는 정확한 수량과 품질로 물품(화물)을 보냈다고 하는데, 바이어(수입자)는 그렇지 않다고 주장하는 경우가 대표적이다. 이런 문제는 해결하기가 정말 까다롭고 복잡하다. 때로는 운송 과정에서 문제가 생기는 경우도 빈번해서, 포워더조차도 난감해할 때가 많다.

두 번째 어려움은 바로 '운송비 변동성'이다. 운송비는 시기, 지역, 그리고 특정 이벤트에 따라 계속 변한다. 그래서 운송비를 잘 아는 사람이라면, 이 변동성을 이용해서 운송비를 크게 줄일 기회를 잡을 수 있다. 예를 들어, 운송비가 저렴할 때 예약하거나 특정 시기를 피해서 운송을 진행하는 식이다. 이렇게 물류의 두 가지 큰 특징을 이해하는 것이 중요하다.

3. CY와 FCL은 무엇인가?

CY는 '컨테이너 야드(Container Yard)'의 줄임말이다. 이름 그대로 컨테이너를 쌓아두는 넓은 공간을 말한다. 마치 물품(화물)을 보관하는 거대한 창고 같은 곳이라고 생각하면 된다. CY는 배에 실릴 컨테이너들이 모이고 분류되는 중요한 장소이다.

'FCL'은 '풀 컨테이너 로드(Full Container Load)'의 약자다. 이건 컨테이너 하나를 통째로 빌려서 내 물품(화물)으로 가득 채워 운송하는 방식을 뜻한다. 만약 수출할 물품(화물)의 양이 컨테이너 하나를 충분히 채울 만큼 많다면 FCL 방식을 선택하는 것이 일반적이다. FCL 컨테이너는 당연히

CY에서 출발해서 목적지 CY까지 운송된다. 즉, 내 물품(화물)만을 위한 전용 컨테이너를 사용한다고 생각하면 이해하기 쉽다.

4. FCL 운송, 누가 담당하고 어떻게 선택해야 할까?

일반적으로 선박 회사는 FCL 물품(화물)만 취급하고, 포워더는 FCL뿐만 아니라 LCL(소량 물품(화물))도 함께 취급한다.

FCL 운송을 선택할 때는 여러 선박 회사나 포워더로부터 '견적'을 받아보는 것이 중요하다. 견적은 운송에 필요한 비용을 알려주는 서류이다. 여러 곳의 견적을 비교해 보면 어느 곳이 가장 합리적인 가격을 제시하는지 알 수 있다. 여기서 단순히 가격만 볼 것이 아니라, 제공하는 서비스의 내용도 꼼꼼히 확인해서 나의 상황에 가장 잘 맞는 곳을 선택해야 한다. 예를 들어, 그 나라 운송 경험 및 물량, 추가 서비스 등은 비교 및 고려 대상이 된다.

5. FCL, 무조건 비쌀까? 숨겨진 비용 절약 팁!

FCL 운송은 컨테이너 하나를 통째로 빌리는 방식이기 때문에, 언뜻 생각하면 비슷한 양이라도 LCL보다 무조건 비쌀 거라고 생각하기 쉽다. 하지만 항상 그런 것은 아니다. 때로는 같은 양이라도 LCL운송보다 FCL 방식이 더 저렴할 수도 있다. 왜 이런 일이 생길까? 바로 '숨겨진 비용' 때문이다. LCL 소량 물품(화물)을 운송할 때는 여러 화주의 물품(화물)을 한 컨테이너에 모으고 분류하는 과정에서 추가적인 비용이 발생할 수 있는 반면에, FCL은 컨테이너 하나를 통째로 사용하기 때문에 이런 추가 작업 비용이 발생하지 않는다. 또한 계절별 시기별 이벤트별 컨테이너 하나의 비용이 달라지는 현상도 있다. 그래서 견적서를 받을 때 단순히 총액만 볼 것이 아니라, 항목별 비용을 꼼꼼히 비교해서 어떤 방식이 나에게 더 유리한지 따져볼 필요가 있다.

6. CFS와 LCL, 소량 물품(화물) 운송의 핵심은 무엇인가?

만약 수출할 물품(화물)의 양이 컨테이너 하나를 다 채울 만큼 많지 않다면 'CFS'와 'LCL'이라는 개념을 알아야 한다. CFS는 '컨테이너 프레이트 스테이션(Container Freight Station)'의 줄임말이다. 이곳은 컨테이너 하나를 다 채울 수 없는 소량의 물품(화물)들을 모아서 하나의 컨테이너로 만드는 작업을 하는 곳이다. 주로 소호 무역을 하거나 1인 무역 창업을 하거나 무역을 처음 시작하는 초보 기업들이 초기에 수량이 적을 때 많이 이용하는 방식이다.

'LCL'은 '레스 댄 컨테이너 로드(Less than Container Load)'의 약자다. 이건 한 컨테이너를 다 채우지 못하는 소량의 물품(화물)을 운송하는 방식을 말한다. 즉, 내 물품(화물)만으로는 컨테이너 하나를 채울 수 없으니, 다른 화주의 물품(화물)과 함께 컨테이너에 실어서 운송하는 방식이 된다. 이렇게 LCL 물품(화물)들은 CFS에서 모여서 하나의 컨테이너로 합쳐지게 된다.

7. LCL 운송 시, CFS 비용은 왜 발생할까?

LCL 운송을 할 때 견적서를 받으면 'CFS 비용'이라는 항목을 볼 수 있을 것이다. 이 비용은 왜 발생하는 걸까? 바로 CFS에서 진행되는 작업 때문이다. LCL은 여러 화주의 물품(화물)을 한 컨테이너에 모아서 싣는 방식이다. 그러려면 CFS에서 다양한 크기와 종류의 소량 물품(화물)들을 받아서, 컨테이너에 효율적으로 실을 수 있도록 분류하고, 포장하고, 적재하는 복잡한 작업이 필요하다.

이러한 작업에는 인력과 장비가 필요하고, 시간도 소요된다. 그래서 이러한 작업에 대한 비용이 바로 CFS 비용으로 청구되는 것이다. LCL 물품(화물)은 CFS에서 출발해서 목적지의 CFS로 도착하게 되는데, 이 과정에서 발생하는 모든 작업과 관리에 드는 비용이 포함된다고 생각하면 된다. 소량 물품(화물)을 운송할 때 발생하는 필수적인 비용이라고 이해하면 쉽다.

8. LCL 운송, 누가 담당하고 어떤 점을 조심해야 할까?

LCL 운송은 주로 '포워더'가 담당한다. LCL은 여러 화주의 물품(화물)을 한 컨테이너에 섞어서 운송하기 때문에 이 과정에서 포워더의 역할이 매우 중요하다. 포워더는 각기 다른 물품(화물)들을 효율적으로 분류하고, 컨테이너에 적재하고, 최종 목적지까지 안전하게 운송하는 모든 과정을 관리한다.

하지만 LCL 운송에는 조심해야 할 것들이 있다. 바로 '분실 위험'과 '파손'이다. 여러 화주의 물품(화물)이 한 컨테이너에 섞여 있다 보니, 혼적 과정에서 물품(화물)이 분실될 가능성이 조금이라도 존재한다. 특히 위험하다고 알려진 지역이나 개발도상국으로 LCL 운송을 할 때는 더욱 신경써야 한다. 만약 이런 지역으로 운송할 계획이라면 그 지역 전문 업체나 경험이 많은 포워더와 충분히 상담하고 진행하는 것이 좋다. 또한 CFS에서 작업을 하다 보니 파손에 노출될 가능성이 FCL보다 높을 수 있다.

Part 3

무역 쵸보도 읩게 이해하는 인코텀즈 3대장
FOB, CIF, EX-WORK 파헤치기!

1. 인코텀즈, 왜 알아야 할까?

인코텀즈는 무역에서 물품을 사고팔 때, 이 가격에 대한 조건과 누가 어디까지 책임질지 정해주는 국제 규칙으로 이해하면 쉽다. 마치 우리끼리 물품을 주고받을 때 '이 가격은 얼마짜리야' '어디까지 내가 갖다줄게, 그다음부터는 네가 책임져!' 하고 약속하는 것과 같다. 인코텀즈를 잘 모르면 나중에 물품(화물)에 문제가 생겼을 때 누가 책임질지 애매해진다. 특히 수출 가격을 정할 때는 꼭 이 인코텀즈를 바탕으로 해야 하므로 수출자와 수입자 모두 이 인코텀즈를 정확히 알고 있어야 한다.

인코텀즈를 이해하는 건 복잡하고 어려울 수 있다. 하지만 무역을 할 때 이 용어들을 모르면 큰 손해를 볼 수도 있다. 인보이스, 패킹 리스트, B/L (선하증권)이 중요한 무역 서류인 것처럼, 인코텀즈도 꼭 알아야 할 필수 무역 지식이다.

2. EX-WORK: 공장 출고가, 가장 편한 조건인가?

EX-WORK는 수출자에게 가장 편한 인코텀즈 조건이라고 할 수 있다. 말 그대로 '공장 출고가'를 의미한다. 예를 들어, EX-WORK 일산이라고 하면 일산에 있는 공장이나 창고에서 물품(화물)을 가져가라는 뜻이다. 수출자는 물품(화물)을 공장 문 앞에 놓기만 하면 된다. 가격도 책임도 딱 거기까지다. 그 이후 발생할 물품(화물) 운송이나 통관 같은 복잡한 과정은 바이어(수입자)가 전부 책임져야 한다. 그러면 언제 이 조건이 사용될까? 보통 바이어(수입자)가 여러 공장에서 물품(화물)을 모아서 한 번에 운송하고 싶을 때 EX-WORK를 많이 사용한다. 예를 들어, 한 바이어(수입자)가 한 컨테이너에 여러 업체의 물품(화물)을 싣고 싶을 때, 여러 공장을 돌며 물품을 수집하려 하는 경우가 여기에 해당한다.

3. FOB: 배에 싣기 전까지의 책임, 무엇이 중요할까?

FOB는 '본선 인도 조건'이라고 한다. 수출자는 물품(화물)을 배에 싣는 것까지 책임진다. 공장 출고가에 국내 운송비와 수출 통관 비용, 그리고 수출 제비용(포워더 비용)이 더해진 가격이다(일반적으로 국내 운송비가 여기서 가장 큰 부분을 차지하는 편이다). 중요한 건 물품의 파손이나 손실 위험을 배가 떠나기 전까지만 수출자가 책임진다는 데 있다.

FOB는 무역에서 가장 많이 사용되는 인코텀즈 조건이다. 그 이유는 해외 운송비가 나라마다 다르므로 현실적으로 수출자가 모든 국가의 해상 운송을 매번 업데이트해서 견적서에 반영하기는 현실적으로 어렵기도 하지만, 바이어(수입자)가 이미 수입국의 해상 운송료를 어느 정도 알고 있어서 가격 협상할 때 FOB로도 충분하기 때문이다. 만약 문제가 발생한다면 현실적으로 배가 떠나기 전 파손된 것인지, 떠난 후에 파손된 것인지 또는 포워더의 실수인지 책임 소재를 정확히 가리기가 어려울 때도 있다.

4. CIF: 운임과 보험료까지 포함, 수출자에게는 어떤가?

CIF는 FOB에 '해상 운송료'와 '보험료'까지 더한 가격이다. 즉, 수출자가 물품(화물)을 배에 싣는 것뿐만 아니라 목적항까지의 운송비와 보험료까지 부담하는 조건이다. CIF와 CFR의 차이는 '보험 포함 여부'이다. CIF는 보험이 포함되고, CFR은 보험이 포함되지 않는다. 여기서 보험료는 의외로 생각보다 비싸진 않다. FOB와 비교해 보면 수출자로서는 조금 더 신경 쓸 게 많다. 해상 운송비와 보험료를 추가로 계산해야 하니 좀 더 복잡하게 느껴질 수도 있다. 하지만 바이어(수입자) 입장에서는 도착항까지의 비용을 미리 알 수 있어서 편리하게 느낄 수 있다.

5. 수출자에게 가장 유리한 인코텀즈는 무엇일까?

그럼, 수출자에게 가장 편한 인코텀즈는 무엇일까? 바로 EX-WORK다. 수출자는 공장에서 물품(화물)을 출고하는 것만 신경 쓰면 되니까 다른 부대 비용을 고려할 필요가 없어서 가장 간단하고 간편하다.

FOB는 어떨까? 내륙운송과 수출 통관비용과 수출 제비용 정도만 추가하면 되니 크게 어렵진 않다. 하지만 CIF는 FOB에 해상 운송비와 보험료까지 더해야 해서 조금 더 복잡하다고 느낄 수 있다. 그래서 수출자 입장에서는 EX-WORK가 가장 편하고, FOB도 괜찮은 편이며, CIF는 조금 더 신경 쓸 부분이 많다고 생각하면 된다.

6. 무역 상담 시 어떤 인코텀즈를 제시해야 할까?

실제 오프라인 무역 상담이나 전시회에서 바이어(수입자)와 가격 협상을 할 때 또는 이메일로 상담할 때 어떤 인코텀즈 조건을 제시하는 게 좋을까? 보통 FOB 조건을 가장 많이 사용한다. 왜냐하면, 해상 운송비가 나라마다 다르기 때문이기도 하지만 대부분의 바이어(수입자)는 해상 운송료를 정확히 알고 있기 때문에 FOB 조건으로 가격을 제시해도 가격 협상에 큰 무리는 없다. 게다가 바이어(수입자)는 해상 운송을 담당할 포워더와 수입 통관을 담당할 관세사를 파트너로 지정해 놓고 비즈니스를 하는 경우가 많기 때문에 오히려 바이어(수입자) 입장에서는 비용적인 면이나 편의성에서 더 좋을 수 있다.

FOB와 CIF 조건 (출고, 언떡 그리고 B/L), 대체 뭐길래 이렇게 중요할까?

1. 인코텀즈, CIF와 FOB는 무엇이 다른가?

많고 많은 인코텀즈 중에 CIF와 FOB는 정말 자주 쓰인다. 무역에서 이 두 가지 조건만 잘 알아도 어느 정도 이야기가 통할 정도다. 그럼 이 두 용어는 어떤 차이가 있을까? 바로 해상 운송비와 보험료가 포함되는지 여부다. CIF는 FOB 가격에 해상 운송비와 보험료까지 더해서 계산된 가격을 말한다. 즉, CIF 조건에서는 수출자가 물품(화물)을 도착 항구까지 보낸다는 의미다.

2. CIF 조건에서 물품(화물)은 어떻게 해외로 보내지나?

CIF 조건에서는 수출자가 물품(화물)을 도착 항구까지 안전하게 보내는 것이 핵심이다. 수출자는 포워더(선사)를 이용해서 물품(화물)을 보내게 된다. 포워더는 통관부터 운송까지 다양한 서비스를 제공하는 파트너라고 생각하면 쉽다. 주문한 물품(화물)이 준비되면 수출자는 바이어(수입자)와 몇 가지를 상의해야 한다. 특히 인보이스(송장)와 패킹 리스트(포장 명세서)에 들어갈 정보들(Shipping info)을 꼼꼼하게 확인하는 것이 필요하다. 바이어(수입자)의 재고 상황을 고려해서 출고 시점을 정하는 것도 잊지 말아야 할 부분이다.

3. B/L(선하증권), 바이어(수입자)가 아닌 수출자가 왜 쥐고 있을까?

B/L은 선하증권이라고 부른다. 물품(화물)의 소유권을 나타내는 중요한 서류다. FOB 조건이든 CIF 조건이든, 이 B/L의 소유권은 수출자에게 있다. B/L은 한번 발행되면 되돌릴 수 없기 때문에 이 서류를 바이어(수입자)에게 넘겨줄 때(양도 시점)는 반드시 무역 대금 결제가 어떻게 진행되는지도 함께 고려해야 한다. 돈을 받기 전에 B/L을 넘겨주면 물품(화물)의 소유권을 잃어버릴 수도 있기 때문이다. 부동산 양도 계약서를 맺더라도 우선 돈부터 받고 양도하는 것을 생각하면 이해하기 쉽다.

4. 물품(화물) 보내는 과정, 어떤 순서로 진행되나?

출고 과정은 일반적으로 다음과 같이 진행된다. 먼저 수출자가 물품(화물) 준비가 완료되거나 예정 스케줄이 나오면 바로 바이어(수입자)에게 알려준다. 그러면 바이어(수입자)는 물품(화물)을 확인하고 선적해도 좋다는 컨펌을 주거나 때로는 선적 전에 샘플을 요구하기도 한다. 바이어(수입자)의 컨펌이 떨어지면, 수출자는 인보이스와 패킹 리스트 같은 서류를 확정하고 바이어(수입자)가 원하는 선적 날짜에 맞춰 물품(화물)을 출고한다. 이때 수출자는 포워더에게 통관과 운송을 한꺼번에 맡기는 경우가 많은데 포워더는 통관(관세사), 트럭 운송(내륙 운송) 업체 등과 협력해서 모든 과정을 책임지고 대행해 주기도 하기 때문이다. 이렇게 하면 수출자는 일일이 신경 쓰지 않아도 되어 편리하다. 여기서 주의할 점은 CIF 조건은 내 포워더를 그대로 연락해서 출고 진행하면 되는 반면, FOB 조건에서는 바이어(수입자)로부터 포워더 정보를 따로 받고 컨택해야 한다는 점이다.

5. B/L, 오리지널과 서렌더 중 어떤 것을 선택해야 할까?

B/L에는 크게 두 가지 종류가 있다. 오리지널 B/L과 서렌더 B/L이다. 오리지널 B/L은 종이 서류로 발행되고, 이 서류 원본이 있어야만 바이어(수입자)가 물품(화물)을 찾을 수 있다. 그래서 DHL 같은 특송 서비스로 바이어(수입자)에게 수출자가 포워더(선사)로부터 받아서 보내줘야 한다. 반면에, 서렌더 B/L은 원본 없이도 바이어(수입자)가 물품(화물)을 찾을 수 있도록 하는 방식이다. 보통 전산으로 처리되어서 상대적으로 훨씬 빠르다. 어떤 B/L을 선택할지는 무역 대금 결제 방식에 따라 달라진다. 만약 L/C(신용장) 방식으로 진행한다면 오리지널 B/L을 사용하는 것이 일반적이다. 왜냐하면, L/C 네고 서류에 오리지널 B/L이 포함되기 때문이다. 하지만 T/T(전신환 송금) 방식이라면 오리지널과 서렌더 둘 다 사용할 수 있는데, 서렌더 B/L을 더 선호하는 경향이 있다.

6. 도착지 기준, 가까운 거리와 먼 거리, B/L 선택이 달라지나?

B/L 선택은 무역 대금 결제 방식뿐만 아니라 운송 거리에 따라서도 달라질 수 있다. 예를 들어, 일본이나 중국처럼 가까운 나라로 물품(화물)을 보낼 때는 배가 도착하는 속도가 오리지널 B/L을 수령해서 원본을 보내는 속도보다 빠른 경우가 많다. 이런 경우에는 서렌더 B/L을 사용해서 시간을 절약하곤 한다. 하지만 지리적 거리 외에도 안정상의 이유로 지역에 따라 오리지널 B/L을 선호하는 경향도 있다.

Part 5

CIF와 CIP,
무역 초보도 쉽게 이해하는 핵심 비교!

1. CIF와 CIP, 어떤 점이 같을까?

CIF와 CIP는 둘 다 물품(화물)을 보내는 사람이 목적지까지의 모든 비용을 책임진다는 공통점이 있다. 즉, 물품(화물)이 도착하는 항구나 도시까지의 운송비용이 모두 포함된다는 뜻이다. 수출자가 물품(화물)을 바이어(수입자)에게 보내는 과정에서 발생하는 여러 비용을 미리 다 계산해서 가격에 포함시키는 방식이다.

2. CIF는 주로 어디에 쓰일까?

CIF는 주로 배를 이용한 해상 운송에 사용되는 조건이다. 그래서 CIF 뒤에는 항상 '도착 항구' 이름이 붙는다. 예를 들어, 'CIF 도쿄'라고 하면 도쿄항까지의 모든 운송 비용과 보험을 수출자가 부담한다는 의미다. 참고로 CIF에서 I는 보험 (Insurance)을 의미한다고 이해하면 쉽다.

3. CIP는 주로 어디에 쓰일까?

CIP는 해상 운송을 제외한 항공 운송이나 여러 운송 수단을 함께 사용하는 복합 운송에 주로 쓰인다. 그래서 CIP 뒤에는 '도착 도시' 이름이 붙는다. 예를 들어, 'CIP 뉴욕'이라고 하면 뉴욕까지의 모든 운송 비용을 수출자가 부담한다는 뜻이다. 이는 물품(화물)이 비행기로 운송되거나, 트럭, 기차 등 다양한 운송 수단을 거쳐 최종 목적지까지 가는 경우에 적용된다. 빠른 배송이 필요하거나, 복잡한 운송 경로를 거칠 때 유용하게 사용될 수 있다.

4. 검품 과정, 왜 중요할까?

물품(화물)이 파손되었을 때 책임 소재를 명확히 하려면 검품 과정이 정말 중요하다. 수출자는 물품(화물)을 보내기 전에 꼼꼼하게 검품해서 하자가 없는지 확인해야 한다. 사진을 찍어두는 것도 좋은 방법이 된다. 바이어(수입자)도 물품(화물)을 받을 때 바로 확인하고, 혹시라도 파손된 부분이 있다면 증거를 남겨두어야 한다. 그래야 나중에 분쟁이 발상했을 때 누가 책임져야 하는지 명확하게 밝힐 수 있다.

5. CIF와 CIP, 실전에서 어떻게 활용될까?

CIF와 CIP는 각각의 장단점이 있어서 상황에 맞게 선택하는 것이 중요하다. 대량의 물품을 해상으로 운송한다면 CIF를 고려해 볼 수 있다. 반대로, 소량의 고가 물품을 항공으로 빠르게 운송한다면 CIP가 더 적합할 수 있다. 어떤 운송 수단을 이용할지, 적절한 조건을 선택해야 한다. 일반적으로 CIF는 해상, CIP는 항공이라고 이해하면 쉽다.

Part 6

해외 운송, 어떤 방법이 좋을까?
항공 vs 해상 운송 비교!

1. 해외로 물품(화물)을 보낼 때, 어떤 운송 방법이 있을까?

무역에서 물품(화물)을 보내거나 받을 때 어떤 운송 방법을 선택해야 유리한지 고민해야 하는데 일반적으로 항공 운송과 해상 운송, 이렇게 두 가지 방법에서 택하게 된다. 항공 운송은 빠르지만 비싸고, 해상 운송은 저렴하지만 느리다는 기본적인 차이가 있다. 이 두 가지 운송 방식은 각각의 장단점이 있어서 어떤 상황에 더 적합한지 알아두는 것이 중요하다. 일반적으로 급한 서류나 샘플 그리고 고가 제품은 비행기로 보내는 경우가 많고, 대량의 메인 물품은 주로 배로 보내는 경향이 있다.

2. 급할 땐 역시 비행기! 항공 운송(AWB)은 무엇인가?

항공 운송은 비행기를 이용해서 공항에서 공항으로 물품(화물)을 보내는 방식이다. 주로 긴급하거나 소량의 물품(화물)을 보낼 때 아주 유용하게 쓰인다. 운송 시간이 매우 짧고 통관도 빠르게 진행되는 편이라 급한 물품(화물)을 보낼 때 가장 좋은 수단이라 할 수 있다. 예를 들면, 갑자기 변경된 계약으로 인해 빠르게 물품을 보내야 할 때 항공 운송을 고려해 볼 수 있다.

3. 항공 운송, 어떤 점이 좋을까?

항공 운송은 해상 운송보다 물품(화물)이 도난당하거나 파손될 위험이 상대적으로 훨씬 적다. 짧은 시간 안에 물품(화물)이 도착하니 그만큼 위험에 노출되는 시간도 줄어들기 때문이다. 또한, 예상치 못한 상황에도 빠르게 대응할 수 있다는 장점이 있다. 물품(화물)이 변질될 수 있는 제품들도 항공 운송으로 안전하게 보낼 수 있다. 가끔은 소량의 물품(화물)을 보낼 때 오히려 운임이 저렴한 경우도 있기 때문에 가격 비교는 필수다.

4. 항공 운송, 아쉬운 점은 없을까?

항공 운송도 아쉬운 점은 분명히 있다. 가장 큰 단점은 대량의 물품(화물)을 보내기에는 적합하지 않다는 것이다. 물품(화물)의 양이 많아지면 운송 비용이 상상 이상으로 비싸진다. 게다가 항공편이 매일 자주 있는 것도 아니고, 한 번에 실을 수 있는 물품(화물)의 양도 제한적이라는 점도 기억해야 한다. 그래서 많은 양의 물품(화물)을 보낼 때는 여러모로 항공 운송이 부담스러울 수밖에 없다.

5. 대량 운송의 왕! 해상 운송(B/L)은 무엇인가?

해상 운송은 배를 이용해서 항구에서 항구로 물품(화물)을 보내는 방식이다. 무역에서 가장 기본이 되는 물류 방식이라고 할 수 있다. 우리가 해외에서 수입하는 대부분의 물품(화물)들은 바로 이 해상 운송을 통해 들어온다.

CY에서 CY로, CFS에서 CFS로 운송되는 방식이다.

6. 해상 운송, 어떤 점이 가장 큰 장점일까?

해상 운송은 물류비용이 가장 저렴하다는 큰 장점이 있다. 대량의 물품(화물)을 먼 거리로 운송하는 데 기본적으로 사용되기 때문에, 한 번에 많은 양을 실어 나를 수 있어서 운임이 저렴하다. 선박 회사들이 더 큰 배를 선호하는 이유도 바로 이 운임 경쟁력 때문이라 할 수 있다. 또한, 항공 운송에 비해 다양한 종류의 물품(화물)을 취급할 수 있다는 점도 해상 운송의 큰 강점이 된다.

7. 해상 운송, 불편한 점은 없을까?

해상 운송은 운송 시간이 매우 길다는 단점이 있다. 배는 시속 30~40km 정도로 느리게 움직이기 때문에, 유럽 같은 경우는 20일에서 30일 정도 걸린다고 생각해야 한다. 그래서 급한 물품(화물)에는 적합하지 않다. 또한, 항공 운송에 비해 물품(화물)이 파손되거나 분실될 위험이 상대적으로 크다. 특히 여러 화주의 물품(화물)을 함께 싣는 LCL의 경우 이런 문제가 종종 발생할 수 있으니 주의할 필요가 있다.

8. 그래서, 어떤 운송 방법을 선택해야 할까?

항공 운송과 해상 운송은 각각의 장단점이 명확하다. 그러니 어떤 운송 방법을 선택할지는 물품(화물)의 종류, 양, 긴급성, 그리고 예산 등을 꼼꼼하게 고려해서 결정해야 한다. 급하고 소량이라면 항공 운송이, 대량이고 시간 여유가 있다면 해상 운송이 더 적합하겠지만 자신의 상황에 가장 적합한 운송 방법을 선택하는 것이 현명한 무역의 첫걸음이 된다.

Part 7

해상 운임, '선불 vs 착불' 헷갈린다면 주목!

'Freight collect'와 'Freight prepaid'라는 용어는 B/L(선하증권)이라는 중요한 서류에서 자주 등장한다. 이름만 들으면 어려워 보이지만, 알고 보면 우리에게 너무나 익숙한 택배 개념과 비슷하다 할 수 있다. 과연 어떤 뜻일까?

1. 'Freight Collect'와 'Freight Prepaid', 택배처럼 쉽다?

'Freight collect'와 'Freight prepaid'는 사실 택배를 보낼 때 사용하는 '착불'과 '선불' 개념과 똑같다고 보면 된다. 'Freight collect'는 운임을 나중에 받는 사람이 지불하는 '착불'을 의미한다. 반대로, 'Freight prepaid'는 보내는 사람이 미리 운임을 지불하는 '선불'을 뜻한다. 정말 간단하다.

이 용어들은 주로 B/L(선하증권)이라는 서류에 표기되는데, 이는 누가 운송비를 낼 것인지를 명확히 보여주는 목적이다. 그럼, 인보이스나 패킹 리스트 같은 다른 무역 서류에도 이 문구가 있을까? 바이어(수입자)의 특별한 요청이 없으면 인보이스와 패킹 리스트에는 운임 부담에 대한 문구가 따로 없다고 할 수 있다.

2. 인코텀즈와 운임, 어떤 관계가 있을까?

실제 무역 거래에서는 'Freight collect'와 'Freight prepaid'가 '인코텀 즈'라는 국제 무역 규칙과 아주 밀접하게 연결되어 있다. 인코텀즈는 수출 자와 바이어(수입자) 사이의 의무와 위험 부담을 정해놓은 규칙인데, 이 규칙에 따라 해상 운송비는 누가 부담할지가 결정된다.

예를 들어, FOB(Free On Board) 조건은 수출자가 선적항까지의 비용을 부담하는 방식이다. 이때 운송료는 당연히 'Freight collect', 즉 바이어 (수입자)가 나중에 지불하게 된다. 반대로 CIF(Cost, Insurance and Freight) 조건은 해상 운송비와 보험료까지 수출자가 부담하는 방식이다. 그래서 이 경우에는 'Freight prepaid', 즉 수출자가 미리 운임을 지불하게 된다. 이렇게 인코텀즈 조건에 따라 운임 부담 주체가 달라진다는 것을 기억하 면 훨씬 이해하기 쉬워진다.

3. FOB 조건일 때, 누가 운송을 책임지나?

FOB 조건으로 무역이 진행될 때, 제품이 준비되면 수출자가 운송업체 에 연락하는 것이 아니다. 바로 바이어(수입자)가 직접 운송업체(포워더)를 선정하고, 그 운송 정보를 수출자에게 전달해 줘야 한다. 수출자는 바이 어(수입자)가 알려준 운송 정보를 바탕으로 선적 스케줄을 잡고 제품을 출 고하면 된다.

FOB 조건에서는 수출자는 선적항에서 선박에 물품(화물)이 적재되는 순간까지의 책임만 지기 때문에 그 이후의 운송은 모두 바이어(수입자)의 책임이 된다. 그래서 바이어(수입자)는 믿을 수 있는 운송업체를 잘 선택하고, 수출자와 긴밀하게 소통하는 것이 매우 중요하다. 모든 과정이 착오 없이 진행되어야 물품(화물)이 안전하게 목적지에 도착할 수 있기 때문이다.

4. CIF 조건일 때, 수출자는 무엇을 신경 써야 할까?

CIF 조건에서는 수출자가 해상 운송비와 보험료를 모두 부담한다. 그래서 해외 오퍼 가격 산출 시 수출자는 운송업체(포워더)로부터 해상 운송비와 보험료 견적을 따로 받아봐야 한다. 이렇게 받은 견적은 바이어(수입자)에게 보내는 오퍼 견적서에 해상 운송비와 보험료를 포함한 금액으로 작성된다.

만약 바이어(수입자)가 무역 초보이거나 운송에 대해 잘 모르는 경우 혹은 비교할 만한 운송 조건이 없을 때는 수출자가 운송료를 잘 살펴보고 합리적인 가격을 제시해 주는 것이 중요하다. 수출자가 바이어(수입자)를 배려해서 좋은 운송 조건을 찾아준다면 앞으로도 신뢰를 바탕으로 더 좋은 거래를 이어갈 수 있다. 운송 조건은 단순히 비용 문제뿐 아니라, 바이어(수입자)와의 관계 형성에도 영향을 미친다 할 수 있다.

Part 8

쉬핑 마크(Shipping mark), 대체 뭘까?

상자 양쪽 측면에서 특이한 그림이나 글자를 본 적이 있을 것이다. 이게 바로 '쉬핑 마크'다. 상자에 직접 인쇄되어 있기도 하고, 프린터로 뽑아서 붙여놓은 경우도 많다. 정해진 양식이 딱 있는 건 아니지만, 보통 다이아몬드 모양과 정보가 있다. 여기에는 물품(화물)을 보내는 바이어(수입자)나 업체 이름, 물품(화물)이 도착할 목적지, 주문 번호(오더 넘버), 제품 이름, 수량, 그리고 몇 번째 포장인지 알려주는 포장 번호, 원산지 같은 정보들이 담겨 있다. 이 정보들 중에서 필요한 것만 골라서 자유롭게 사용한다.

1. 쉬핑 마크, 왜 꼭 필요할까?

쉬핑 마크는 때론 포장 작업을 귀찮게 만들기도 한다. 바이어(수입자)마다 요구하는 양식이 달라서 상자에 인쇄하는 것 자체가 번거로울 수도 있다. 하지만 바이어(수입자)나 물류를 담당하는 포워더 입장에서는 이 쉬핑 마크가 정말 중요하다. 한눈에 물품(화물)을 쉽게 구분할 수 있게 해주기 때문이다.

Q. 쉬핑 마크가 없으면 어떻게 되나?

A. 특히 여러 회사의 물품(화물)이 한 컨테이너에 섞여 있는 경우(LCL 운송) 쉬핑 마크가 없다면 물품(화물)이 도착했을 때 뒤죽박죽 섞여서 분실될 위험이 아주 커진다. 내 물품(화물)이 어디 있는지 찾기도 힘들고, 다른 회사 물품(화물)과 헷갈릴 수도 있다. 그래서 쉬핑 마크는 물류의 혼란을 줄이고 효율성을 높이는 데 필수적인 역할을 한다.

2. FCL과 LCL, 쉬핑 마크는 어떻게 다를까?

무역 운송 방식에는 크게 FCL(Full Container Load)과 LCL(Less than Container Load) 두 가지가 있다. 쉬핑 마크의 역할도 이 두 가지 방식에 따라 조금씩 달라진다.

FCL 운송은 말 그대로 컨테이너 한 대를 통째로 한 수출자가 한 바이어(수입자)에게 보내는 방식이다. 20피트나 40피트 컨테이너 전체를 사용하기 때문에 다른 회사 물품(화물)과 섞여서 혼란스러워질 일이 전혀 없다. 이 경우에는 쉬핑 마크가 주로 바이어(수입자) 창고에서 물품(화물)을 분류하기 편하도록 간략하게 쓰이는 편이다. 오더 넘버, 모델명, 색상, 수량 정도만 적어서 물품(화물)을 쉽게 찾을 수 있게 돕는 것이다.

반면, LCL 운송은 한 컨테이너에 여러 다른 회사의 제품이 함께 실리는 방식이다. 마치 여러 사람이 택시 한 대를 나눠 타는 것과 비슷하다고 볼 수 있다. 이럴 때 쉬핑 마크가 없다면 물품(화물)이 뒤섞여서 나중에 찾아내기 정말 어렵고, 심지어는 분실될 수도 있다. 그래서 LCL 운송에서는 쉬핑 마크가 물품(화물) 분실 위험을 줄이는 아주 중요한 역할을 한다.

3. 쉬핑 마크, 이것만은 꼭 기억!

쉬핑 마크는 물류의 효율성과 편의성을 높이는 데 중요한 역할을 하지만, 항상 필수는 아니다. 하지만 포장된 물품(화물)의 개수가 많거나 규격이 큰 경우 또는 수입국에서 쉬핑 마크를 원한다면 바이어(수입자)와 잘 협의해서 작업하는 것이 좋다.

쉬핑 마크 작업을 할 때 특히 주의해야 할 점이 있다. 바로 선적 서류와의 정보 일치다. 인보이스나 패킹 리스트 같은 서류를 작성하는 과정에서 쉬핑 마크의 정보와 실제 서류의 정보가 다르게 입력되는 경우가 종종 발생하곤 한다. 이렇게 정보가 불일치하면 통관 과정이나 물류 과정에서 문제가 생길 수 있으니, 꼼꼼하게 확인하는 것이 정말 중요하다.

4. 쉬핑 마크, 무역의 숨은 조력자!

쉬핑 마크는 무역 과정에서 눈에 잘 띄지는 않지만, 매우 중요한 역할을 하는 '숨은 조력자'라고 할 수 있다. 간단한 표식처럼 보이지만, 이 마크 덕분에 수많은 물품(화물)이 섞이지 않고 정확한 목적지로 전달될 수 있게 된다. 물품(화물) 식별을 용이하게 하고, 특히 LCL 운송 시 물품(화물) 분실 위험을 크게 줄여준다.

Part 9

알아두면 도움이 되는 무역 용어!
Demurrage & Detention 그리고 Free time

Demurrage charge와 Detention charge는 무역에서 발생할 수 있는 추가 비용 중 가장 흔하고 중요한 개념들이다.

1. Demurrage Charge(체화료): 컨테이너가 항구(CY)에 너무 오래 보관되어 발생한다.
   - 수출 시: 컨테이너가 너무 일찍 항구에 들어가서 배를 기다릴 때.
   - 수입 시: 배가 도착했는데 컨테이너를 항구에서 제때 찾아가지 않을 때.
   - 특히 수입 시 통관 지연이나 결제 문제로 인해 발생할 가능성이 높다.
2. Detention Charge(지체료): 컨테이너를 항구 밖으로 가지고 나갔다가 제때 반납하지 않을 때 발생한다.
   - 수출 시: 컨테이너를 공장에서 너무 오래 가지고 있다가 반납이 늦어질 때.

- 수입 시: 컨테이너에서 물품(화물)을 내린 후 빈 컨테이너를 선사에 제때 반납하지 않을 때.

3. Free time(무료 보관 기간): Demurrage와 Detention이 발생하기 전까지 컨테이너를 무료로 사용할 수 있는 기간이다. 이 기간을 넘기면 추가 비용이 발생하니 꼭 확인해야 한다.

무역은 복잡하지만, Demurrage Charge와 Detention Charge 같은 핵심 개념들을 미리 이해하고 대비한다면 불필요한 비용 발생을 크게 줄일 수 있다.

초보와
프로를 가르는
위기관리의 기술

Part 1

무역 클레임!
대체 뭘까? 왜 중요할까?

'무역 클레임'은 실전에서 중요하지만 의외로 잘 다루지 않는 부분이다. 그래서 무역 초보자들은 간과하는 경향이 다분히 있다. 무역은 사실 두 나라, 두 회사가 서로 이익을 얻으려고 만나는 과정이다. 서로 기분 좋고 잘 맞을 때는 사소한 문제도 그냥 넘어가지만, 혹시라도 사이가 틀어지면 작은 일도 아주 큰 문제가 될 수 있다. 예를 들어, 물품(화물) 개수가 부족하거나 품질에 문제가 생겼을 때, 평소 같으면 웃어넘길 일도 신뢰가 깨지면 아주 예민한 상황이 된다.

하지만 클레임이 터졌다고 너무 당황할 필요는 없다. 어떻게 대처하느냐에 따라서 문제가 더 커질 수도 있고, 오히려 더 좋게 해결될 수도 있기 때문이다. 그래서 무역 클레임에 대해 미리 알아두고 적극적으로 대응하는 방법을 배우는 게 정말 중요하다.

1. 품질 클레임, 샘플이랑 다르다? 어떻게 해야 할까?

무역에서 흔하게 발생하는 클레임 중 하나가 바로 '품질 클레임'이다. 물품(화물)을 사고팔기 전에는 샘플을 통해 스펙, 포장, 색깔 등을 꼼꼼하게 협의한다. 그리고 한번 승인된 샘플은 나중에 제품을 만들 때 기준이 된다. 혹시 모를 상황에 대비해서 수출하는 회사와 수입하는 회사 양측은 모두 샘플을 하나씩 보관해 두기도 한다.

그런데 사실 100% 똑같은 품질을 계속 유지하는 게 말처럼 쉽지는 않다. 일부러 그런 건 아니더라도 제품에 하자가 생기는 경우도 종종 발생한다. 특히, 내 회사에서 직접 만든 물품(화물)이면 어떻게든 해결점을 찾을 수 있지만, OEM처럼 타 공장에서 생산하는 경우라면 난감해지는 경우가 발생할 수 있다. 어떤 상황이라도 만약 제품에 문제가 있다는 걸 미리 알게 되었다면 바이어(수입자)에게 솔직하게 미리 알려서 양해를 구하는 것이 매우 중요하다.

2. 수량 클레임, 숫자가 안 맞는다? 이거 왜 이럴까?

수량 클레임은 정말 흔하고, 때로는 좀 애매한 클레임 중 하나다. 공장에서는 분명히 정확하게 개수를 맞춰서 보냈다고 하는데, 막상 받아본 바이어(수입자)는 그렇지 않다고 말하는 경우다. 어떤 사람들은 물품(화물)을 수량보다 더 많이 실어 보내는 건 괜찮다고 생각하기도 하지만, 이것도 절대로 좋은 방법이 아니다. 무역은 '처음도 정확! 마지막도 정확!'이기 때문이다.

수량 클레임은 물품(화물)이 운송되는 과정에서 발생하기도 하고, 세관을 통과하는 과정에서 문제가 생기기도 한다. 그래서 물품(화물)을 보낼 때와 받을 때 모두 꼼꼼하게 개수를 확인하는 것이 중요하다. 혹시라도 수량이 부족하다는 클레임이 들어오면 어떤 과정에서 문제가 생겼는지 빠르게 파악하고 바이어(수입자)와 솔직하게 이야기해서 해결책을 찾아야 한다.

3. 포장 클레임, 박스가 망가졌다? 판매에 문제 없나?

이번에는 포장 클레임에 대해 이야기해보자. 포장 클레임은 주로 물품을 담는 '리테일 박스'에서 문제가 발생할 때 생긴다. 예를 들어, 처음에 약속했던 포장 방식과 다르게 물품(화물)이 도착했거나 배송 중에 박스가 파손되어서 다시 포장을 해야 하는 경우다.

수입하는 사람(바이어) 입장에서는 이렇게 포장에 문제가 생기면 추가로 돈을 들여서 다시 포장해야 하는 번거로움이 생긴다. 물론 그로 인한 판매 지체로 인한 손실도 생길 수 있다. 이런 추가 비용이나 판매 지연은 수입하는 사람에게는 큰 손해가 될 수 있기 때문에 당연히 클레임 대상이 된다. 그래서 물품(화물)을 보낼 때는 약속된 포장 방식과 꼼꼼한 포장을 통해 이런 문제를 미리 막는 것이 중요하다.

4. 납기 클레임, 약속한 날짜에 못 보낸다? 미리 말해야 할까?

납기 클레임은 품질이나 수량 그리고 포장 클레임과는 조금 다른 성격을 가지고 있다. 품질, 수량, 포장 관련 클레임은 물품이 도착한 후에 수입자가 확인하면서 발견되는 경우가 많지만, 납기 클레임은 바로 딱 걸린다. 약속한 날짜에 물품(화물)을 보내지 못했을 때 발생하는 클레임이기 때문이다(B/L에 표기된 선적 날짜 기준).

물품(화물)을 배에 싣는 날짜, 즉 선적 날짜를 최대한 맞추려고 노력하지만, 때로는 어쩔 수 없이 지연될 때가 있다. 이때 정말 중요한 건 바로 '사전 통보'다. 약속을 지키기 어렵게 되었다면 바이어(수입자)에게 미리 솔직하게 말하는 것이 가장 좋다. 마치 친구와 약속을 했는데 늦을 것 같으면 미리 연락하는 것과 똑같다고 생각하면 된다. 미리 알려주면 바이어(수입자)도 다른 계획을 세울 수 있고, 신뢰도 잃지 않을 수 있다.

5. 시장 상황 때문에 디스카운트 요청? 이런 것도 있나?

가끔은 바이어(수입자)가 '디스카운트(할인)'를 요청하는 경우가 있다. 이건 물품(화물) 자체에 문제가 있어서라기보다는 시장 상황이 변했을 때 많이 나타나는 상황이다. 예를 들어, 공장에서 물품(화물)을 만들고 배로 운송해서 바이어(수입자)에게 도착하기까지는 꽤 오랜 시간이 걸린다. 대략 10일 정도 작업하고, 배로 20일 정도 운송하는 시간을 합치면 한 달 가까이 걸릴 수도 있다.

이 시간 동안 환율이 갑자기 변하거나 시장 상황이 빠르게 바뀌거나, 아니면 바이어(수입자)가 가지고 있던 재고가 잘 팔리지 않는 '악성 재고'가 되는 등의 이유가 생길 수 있다. 이런 다양한 이유 때문에 바이어(수입자)는 물품(화물) 가격을 좀 깎아달라고 요청할 수 있다. 이럴 때는 무역에서는 '하나를 주면 하나를 받아야 한다'는 마음으로 어느 정도 '생색'을 내면서 조율하는 것이 필요하다. 즉, 무조건 깎아주는 것이 아니라, 상황을 설명하고 서로에게 이득이 되는 방향으로 협상하는 지혜가 있어야 한다.

6. 클레임, 솔직하게 소통하면 해결될까?

무역 클레임의 여러 종류에 대해 알아보았다. 품질 문제, 수량 부족, 포장 불량, 납기 지연, 그리고 시장 상황 변화로 인한 디스카운트 요청까지 다양하다. 이 모든 상황에서 가장 중요한 것은 바로 '솔직한 소통'과 '사전 통보'라 할 수 있다.

문제가 생겼을 때 숨기거나 회피하기보다는, 미리 바이어(수입자)에게 상황을 알리고 함께 해결 방법을 찾는 것이 필요하다. 무역은 신뢰를 바탕으로 하는 일이기 때문에, 문제가 생겼을 때 어떻게 대처하느냐에 따라 오히려 관계가 더 돈독해질 수도 있기 때문이다.

무역 거래의 필수템, 크레딧 노트(Credit note)와 데빗 노트(Debit note) 그리고 RMA! 왜 중요할까?

1. 무역 거래, 왜 구두 약속만으로는 안 될까?

무역은 서로 다른 나라의 회사들이 물품을 사고파는 행위이다. 그러다 보면 생각지도 못한 일들이 생기곤 한다. 예를 들어, 보낸 물품(화물)이 망가진다거나 수량이 부족할 수도 있다. 이런 상황에서 "다음에 해줄게" 같은 말만으로는 문제가 생길 수 있다. 법적인 문제가 발생했을 때 구두 약속만으로는 증명할 방법이 없기 때문이다. 그래서 무역에서는 모든 거래를 기록하고 증명할 수 있는 서류가 꼭 필요하다. 서류가 있어야 나중에 분쟁이 생겼을 때 확실하게 해결할 수 있기 때문이다.

2. 크레딧 노트와 데빗 노트, 대체 뭘까?

이 두 가지는 마치 돈을 주고받을 때 필요한 영수증이나 청구서 같은 역할을 한다. '크레딧 노트'는 상대방에게 돌려줄 돈이 있다는 것을 확인시켜 주는 문서로서 수출자가 작성한다. 쉽게 말해, "당신에게 갚아야 할 돈이 있다."라고 알려주는 서류인 셈이다.

반대로, '데빗 노트'는 상대방에게 돈을 더 받아야 할 때 보내는 바이어(수입자)가 작성하는 문서다. "당신이 나에게 갚아야 할 돈이 있다."라고 명시하는 서류라고 생각하면 된다. 이 두 노트는 나중에 헷갈리거나 다툼이 생기는 것을 막아준다. 무역 거래에서 투명하고 공정한 정산을 위해 아주 중요한 문서들이다.

3. 크레딧 노트, 언제 사용하나?

크레딧 노트는 주로 물품(화물)에 문제가 생겨서 돈을 돌려줘야 할 때 사용된다. 예를 들어, 내가 물품 100개를 팔았는데 그중에 30개가 망가져서 사용할 수 없다고 가정하자. 이때 나는 망가진 30개에 해당하는 금액을 상대방에게 돌려줘야 하고, 이때 발행하는 서류가 바로 크레딧 노트다. 그냥 말로 "다음에 돌려줄게" 하는 게 아니라, 이 노트를 발행해서 공식적으로 "당신에게 이만큼의 돈을 돌려줄게요."라고 확인시켜 주는 것이다.

이 크레딧 노트에 적힌 금액은 다음번 거래에서 미리 빼주거나 실제로 돈을 돌려주는 방식으로 처리될 수 있다(보편적으로 다음 거래 금액에서 차감하는 형식 채택). 이렇게 크레딧 노트를 사용하면 어떤 이유로 얼마의 돈을 돌려주는지 명확하게 기록되기 때문에 나중에 문제가 생길 일이 없게 된다. 수출자와 바이어(수입자) 모두에게 투명하고 깔끔한 거래를 만들어 주는 역할을 한다.

4. 데빗 노트, 언제 사용하나?

데빗 노트는 크레딧 노트와 반대로, 상대방에게 돈을 더 받아야 할 때 사용되는 문서다. 이때 바이어(수입자) 입장에서는 상대방에게 "이만큼의 돈을 더 지불해 주세요"라고 요청하는 것이다.

이렇게 데빗 노트를 발행하면 어떤 이유로 얼마의 돈을 더 요구하는지 명확하게 기록되어, 나중에 발생할 수 있는 오해나 분쟁을 막을 수 있다. 무역 거래에서 예상치 못한 비용이 발생했을 때 아주 유용하게 쓰이는 문서이다.

5. RMA 조항은 무엇이고, 왜 중요할까?

물품(화물) 수량이 부족하거나 제품에 하자가 생기는 문제는 무역에서 자주 발생한다. 이때 크레딧 노트나 데빗 노트를 발행하는 것도 중요하지만, 금전적인 보상에 한정되어 있고 당장 구매자의 불편을 해결해 주기엔 적절치 않을 수 있다. 즉, 금전적 해결이 아닌 '제품 공급'을 바이어(수입자)가 원할 때가 있다. 이런 상황에 대비하기 위해 'RMA'라는 개념을 알 필요가 있다. RMA는 쉽게 말해, 제품을 출고할 때 혹시 모를 상황에 대비해서 여유분, 즉 약간의 추가 수량을 미리 넣어 보내는 것을 말한다.

예를 들어, 100개의 제품을 주문받았지만, 혹시 모를 불량이나 파손을 대비해 102개나 103개를 보내는 식이다(RMA 수량은 일반적으로 공장의 평균 불량률을 고려해서 책정되는 편이다). 이렇게 하면 만약 물품(화물)에 문제가 생겼을 때, 구매자는 추가로 받은 여유분을 바로 사용할 수 있어서 불편함을 줄일 수 있다. 수출자로서도 고객 만족도를 높이고, 빠르게 문제를 해결해 줄 수 있어서 무역에서 자주 채택되는 방식이다.

Part 3

바이어(수입까)가 앰플을 요청했다!
어떻게 해야 할까?

무역을 하다 보면 바이어(수입자)로부터 샘플 요청을 받는 경우가 많다. 바이어(수입자)가 "제품의 가격이 얼마인가요?", "최소 주문 수량은요?" 같은 질문을 하다가, 대화가 좀 더 깊어지면 다음 단계로 샘플을 요청한다. 샘플 요청은 제품에 대한 관심이 있다는 좋은 신호이자 메인 오더의 첫 단추다. 이럴 때 '샘플 하나만 달라고 하는데, 10만 원짜리인데 그냥 줘야 하나?' 같은 고민에 빠지게 될 수 있다. 샘플을 보낼 때 과연 돈을 받아야 할지, 운송비는 누가 부담해야 할지 막막할 때가 생긴다.

해외 바이어(수입자)에게 샘플을 보낼 때는 크게 두 가지 고민에 빠진다. 하나는 샘플 제품 자체의 가격을 받을 것인지, 다른 하나는 해외로 보내는 운송비를 누가 낼 것인지 하는 고민이다. 무역 초보자들은 이 부분에서 어려움을 느끼고, 어떻게 해야 할지 망설이게 된다.

1. 샘플 비용, 꼭 무료로 줘야 할까?

'샘플은 당연히 무료로 줘야 하는 거 아니야?'라고 생각하는 경우가 의외로 많다. 과거에는 샘플도 무료, 배송비도 무료로 다 해주는 경우가 많았다. 물론 과거 이야기지만, 거의 100% 공짜로 제공하는 것이 일반적이었다. 하지만 요즘은 시대가 많이 변했다. 지금은 회사마다 샘플 정책이 다 다르다. 정답이 딱 정해져 있는 것도 아니다.

어떤 회사들은 샘플 자체는 무료로 주지만, 운송비는 바이어(수입자)에게 부담시키는 경우도 있다. 예를 들어, 10만 원짜리 샘플이라면 제품값은 안 받고 운송비만 받는 식이다. 또 어떤 회사들은 샘플 가격의 일부를 할인해 주기도 한다. 중요한 건, 우리 회사 상황과 바이어(수입자)의 관계를 고려해서 가장 효율적인 방법을 선택하는 것이다. 무조건 다 해줄 필요도 없고, 무리할 필요도 없으며, 스트레스를 받아서도 안된다.

2. 운송비는 누가 내야 할까? DHL, FEDEX 비용이 너무 비싸다!

샘플 가격 부담만큼이나 고민되는 것이 바로 특송 운송비 문제다. DHL이나 FEDEX 같은 특송을 이용하면 비용이 만만치 않다. 그래서 운송비를 누가 내야 할지 미리 정해두는 것이 좋다. 운송비 역시 샘플 비용처럼 다양한 방법이 있다. 가장 흔한 방법은 바이어(수입자)에게 운송비를 부담시키는 것이다. 바이어(수입자)가 직접 운송비를 결제하거나 그 회사 계정을 알려줘서 그쪽으로 청구하게 하는 것이다.

물론, 바이어(수입자)와의 관계나 샘플의 중요성에 따라 수출자가 운송비를 부담하는 경우도 있다. 정말 중요한 잠재 고객이라면 수출자가 비용을 지불해서라도 샘플을 보내주는 것이 유리할 수 있는 반면, 너무 많은 바이어(수입자)가 샘플만 요청하고 실제 구매로는 이어지지 않는다면 운송비라도 받는 것이 현명할 수도 있다. 이 모든 결정은 우리 회사의 정책과 전략에 따라 달라질 수 있다.

3. 우리 회사만의 샘플 정책, 어떻게 세워야 할까?

샘플 발송에는 정답이 없다. 그러므로, 우리 회사만의 명확한 정책을 세우는 것이 필요하다. 샘플 정책은 바이어(수입자)와의 첫인상이고, 장기적인 관계를 형성하는 데 큰 영향을 미치기 때문이다. 단순히 비용 문제를 넘어 바이어(수입자)에게 "우리 회사는 이렇게 일을 처리합니다."는 신뢰를 주는 과정이다. 예를 들어, '처음 요청하는 샘플은 무료지만, 운송비는 바이어(수입자) 부담'이라고 정하거나 '특정 금액 이하의 샘플은 무료 제공' 같은 규칙을 만들 수 있다.

이런 정책을 세울 때는 몇 가지 고려해야 할 것이 있다. 먼저, '우리 제품의 단가는 어떤가?' 샘플 하나가 너무 비싸다면 무조건 무료로 주는 것은 부담이 될 수 있기 때문이다. 다음으로, '바이어(수입자)의 중요도는 어느 정도인가?' 오랫동안 거래해 온 신뢰할 수 있는 바이어(수입자)라면 좀 더 유연하게 대처할 수도 있기 때문이다. 마지막으로, 회사의 이익과 효율성도 중요하다. 무조건적인 무료 제공이 회사에 손해를 주지는 않는지 잘 따져봐야 한다.

4. 샘플 발송, 성공적인 거래의 시작이 될 수 있을까?

샘플 발송은 단순한 제품 배송이 아니라, 바이어(수입자)와의 관계를 시작하는 중요한 첫걸음이라 할 수 있다. 샘플을 통해 바이어(수입자)는 우리 제품의 품질을 직접 확인할 수 있고, 이는 구매 결정에 결정적 영향을 미친다. 잘 포장된 샘플, 명확한 정책, 그리고 빠른 배송은 바이어(수입자)에게 우리 회사가 얼마나 전문적이고 신뢰할 수 있는지를 보여줄 수 있다.

따라서 샘플 발송은 단순히 비용을 줄이는 문제가 아니라, 바이어(수입자)와 좋은 관계를 맺고 장기적인 거래로 이어질 수 있는 기회라고 생각해야 한다.

Part 4

무역 샘플, 이젠 어렵지 않다!
무린이들을 위한 샘플 발송 가이드

1. 무역 샘플, 왜 그렇게 중요할까?

제품을 온라인에서 구매할 때 상세 페이지만 보고 모든 것을 판단하긴 정말 어렵다. 무역에서도 마찬가지다. 제품 상세 페이지만으로는 실제 제품의 품질이나 디테일을 정확히 알기 어렵다. 그래서 샘플이 아주 중요한 역할을 한다.

샘플은 단순히 제품을 미리 보는 것을 넘어 앞으로 주고받을 모든 제품의 기준이 된다. 만약 샘플과 실제 제품이 조금이라도 다르다면 나중에 클레임이 발생할 수도 있다. 이는 바이어(수입자)가 이미 이 샘플을 가지고 마케팅이나 영업을 했기 때문이다. 그러므로 샘플은 무역에서 절대 놓쳐서는 안 될 중요한 요소임엔 틀림없다.

1) 무역 샘플, 어떤 종류가 있나?

우리가 흔히 말하는 무역 샘플은 크게 세 가지 종류로 나눌 수 있다.

바로, 체크 샘플, 승인용 샘플, 선적 샘플이다. 각각의 샘플이 어떤 역할을 하는지 알아보자.

- **체크 샘플**: 제일 처음 주고받는 샘플이다. 바이어(수입자)와 판매자가 서로 제품의 실물을 비교하면서 처음 확인하는 용도로 사용한다.
- **승인용 샘플**: 체크 샘플에서 수정할 부분이 합의에 따라 수정된다면 이것이 최종본으로서 승인용 샘플 (Approval sample)이 된다. 이 샘플은 나중에 클레임이 생겼을 때 기준이 되고 증거가 되기 때문에 수출자 입장에서는 절대로 불가능한 요구사항은 받아들이면 안 된다. 그만큼 아주 신중하게 다뤄야 하는 샘플이다.
- **선적 샘플**: 말 그대로 제품을 선적하기 전에 바이어(수입자)가 최종적으로 확인하고 검토하는 단계에서 사용된다. 생산된 제품 중에서 무작위로 뽑아 바이어(수입자)에게 미리 보내서 확인받기도 하고, 필요에 따라서는 사진으로 대체하거나 바이어(수입자)가 직접 검품을 하기도 한다.

2) 샘플 요청, 혹시 사기(Copy)일 수도 있다?

샘플을 보낼 때 가장 먼저 주의해야 할 점은 바로 '카피(Copy)' 문제다. 반짝 하는 아이디어나 제품을 보고 샘플을 요청한 다음, 그대로 베껴서 자기 제품처럼 만들어 버리는 경우가 종종 있기 때문이다. 그러나 막상 샘플 요청을 해외에서 받게 되면 상대방이 진짜 바이어(수입자)인지, 가짜 바이어(수입자)인지 판단하기는 정말 어렵다. 심지어 아르바이트생을 고용해서 상담하게 하고 샘플을 얻어가는 일도 있기 때문이다.

이런 카피 문제는 주로 샘플에서 발생하곤 한다. 현실적으로 가짜 바이어(수입자)를 구별하는 특별한 방법은 없기 때문에 오랜 경험을 통해 느낌으로 판단할 수밖에 없다. 가끔 특허가 모든 것을 해결해 줄 것이라고 믿는 사람들도 있지만, 실제로는 그렇게 쉽지 않다는 점도 알아야 한다.

3) 샘플 비용, 누가 내야 할까?

무역 샘플을 주고받을 때 항상 따라오는 질문이 있다. 바로 '샘플 비용을 누가 내야 할까?'이다. 확실한 것은 바이어(수입자)가 무상 샘플과 무상 운송을 먼저 언급한다면 그 바이어(수입자)는 과감히 믿고 거르는 것이 좋다. 왜냐하면, 가짜 바이어(수입자)들은 샘플 비용조차 아까워하기 때문이다.

그렇다고 모든 샘플을 유상으로 처리하면 바이어(수입자)들이 부담스러울 것이다. 그래서 요즘은 샘플값과 운송값을 바이어(수입자)와 판매자가 서로 분담하는 추세다. 이렇게 서로 인정하고 분담하는 것이 합리적인 방법이다. 가짜 바이어(수입자)는 절대 샘플 비용을 내지 않으려고 한다는 점을 기억하고 현명하게 대처하는 것이 중요하다.

4) 샘플 운송, 꼭 비싼 특송(ex, DHL)만 이용해야 할까?

급한 샘플이 아니면 보통 EMS를 많이 이용하지만, 급하거나 특별한 지역으로 보낼 때는 DHL, FEDEX 같은 특송 서비스를 이용하기도 한다. 하지만 꼭 이 비싼 특송 서비스만 이용해야 하는 건 아니다.

중국이나 일본처럼 한국과 거래가 많은 국가에는 소규모 특송이나 물류 회사들이 많다. 이들 업체는 다양한 단가와 서비스를 제공하니, 여러 업체들로부터 견적을 받아서 비교하고 검토하는 것이 좋다. 이렇게 하면 비용을 절감하면서도 효율적으로 샘플을 보낼 수 있다.

5) 해외 통관, 샘플도 예외는 아니다?

해외로 샘플을 보낼 때 간과하기 쉬운 부분이 바로 현지 통관이다. 자주 있는 일은 아니지만, 샘플이 통관에 걸리거나 심지어 압수당하는 경우도 종종 발생한다. 그렇기 때문에 통관은 무역에서 항상 고려해야 할 중요한 부분이다. 각 나라의 통관 절차가 모두 다르기 때문에 정확한 현지 정보를 알 필요가 있다. 현실적으로 가장 확실한 방법은 '현지 바이어(수입자)에게 물어보는 것'이다. 만약 바이어(수입자)가 통관에 대해 잘 모른다면 그 바이어(수입자)가 가짜일 수도 있으니 주의할 필요가 있다.

6) 무역 샘플, 이것만 기억하면 성공!

다시 한번 핵심을 짚어보면 다음과 같다.

- 승인용 샘플은 미래 클레임의 기준이 되므로 신중하게 다뤄야 한다.
- 카피 문제와 가짜 바이어(수입자)를 항상 경계하고, 경험을 통해 판단하는 지혜가 필요하다.
- 샘플 비용은 바이어(수입자)와 서로 분담하는 것이 합리적이며, 언더 밸류 시 단가를 0으로 하면 안 된다(보편적으로 1~10달러 사이 채택).
- 다양한 특송 방법을 비교하고, 현지 통관 절차를 미리 확인하는 것이 중요하다.

해외에서 샘플을 요청한다면 메인 오더를 가기 위한 첫걸음 단계임은 틀림없다. 무역 샘플, 이제 두려워하지 말고 자신감을 가지자!

Part 5

수출 대금 떼여 화물 회수?
진짜 문제는 '가져와서 어쩔 건데'다

수출 초보자에게 두려운 악몽 중 하나는 바이어가 잔금을 치르지 않고 버티는 상황이다. 이럴 때 대부분의 업체들이 가장 먼저 걱정하는 것은 '과연 저 멀리 가 있는 내 물품(화물)을 다시 한국으로 가져올 수 있을까?' 이다. 온갖 수단과 방법을 동원해 '쉽백(Shipback)'을 고민하지만, 사실 이 건 문제의 본질이 아니다. 진짜 문제는 따로 있다.

1. 화물 회수는 방법의 문제, 진짜 재앙은 그 이후다

결론부터 말하면, 어떻게든 화물을 다시 가져올 방법은 존재한다. 포워더와 협력하고 법적인 절차를 밟으면 시간과 비용이 들더라도 내 물품(화물)을 되찾을 수는 있다. 하지만 많은 이들이 간과하는 진짜 질문은 바로 이것이다. "그래서, 그 화물 다시 가져와서 어쩔 건데?" 이 질문 앞에 서면 상황은 완전히 달라진다. 어렵게 되찾아온 그 수출 물량은 이제 당신의 창고를 가득 채운 거대한 '골칫덩어리'가 될 가능성이 높다. 특히 그 제품이 표준품이 아닌, 특정 바이어의 요구에 맞춰 제작된 OEM(주문자 상표 부착 생산) 제품이라면 문제는 더욱 심각해진다.

> **[사례] 다시 돌아온 컨테이너, 그리고 악성 재고의 비극**
>
> 당신이 한 바이어의 요청에 따라 특별히 제작한 디자인과 로고가 새겨진 상품 1만 개를 컨테이너에 실어 보냈다고 상상해 보자. 바이어가 대금을 지급하지 않아 우여곡절 끝에 1만 개의 상품을 모두 한국으로 다시 가져오는 데 성공했다. 당신은 안도할 수 있을까? 아니다. 재앙은 이제부터 시작이다. 그 1만 개의 상품은 국내 시장에서는 팔 수 없다. 다른 나라의 바이어에게도 팔 수 없다. 오직 그 계약을 파기한 단 한 명의 바이어만을 위해 만들어진 제품이기 때문이다. 결국 엄청난 운송비를 들여 되찾아온 상품은 고스란히 '악성 재고'가 되어 창고 임대료만 잡아먹는 애물단지로 전락한다. 대량 주문을 받았다고 기뻐했던 순간은 처참한 실패의 기억으로 남는다.

2. 대량 수주의 기쁨보다 리스크 관리가 먼저다

이것이 바로 대량 수출 오더를 받았다고 해서 무조건 기뻐할 수만은 없는 이유다. 계약의 규모가 클수록, 리스크(Risk, 위험요소) 또한 눈덩이처럼 커진다. 특히 1인 기업이나 소규모 무역회사 또는 제조사에서 악성 재고는 회사의 존폐를 위협하는 치명타가 될 수 있다. 따라서 수출을 진행할 때는 항상 최악의 시나리오, 즉 '이 물품(화물)이 고스란히 나에게 다시 돌아왔을 때, 나는 이것을 감당하고 다른 곳에 처분할 수 있는가?'를 염두에 두어야 한다. 이 리스크(Risk, 위험요소)를 피하는 가장 확실한 방법은 무엇일까? 바이어가 단 하나의 스펙 변경이라도 요구하는 OEM 주문이라면 생산 전 대금 100%를 선금으로 받아야 한다. 이것만이 당신을 악성 재고의 비극으로부터 지켜줄 수 있는 유일하고 가장 강력한 안전장치다. 물품(화물)을 다시 가져올 수 있느냐 없느냐는 부차적인 문제다. 진짜 핵심은 '가져올 필요가 없는 상황'을 처음부터 만드는 것이다.

왕쵸보 무린이를 위한
1:1 무역 과외 노트

1. 무역 실무 핵심 요약

◇ C/I(Commercial invoice / 상업 송장)

- 수출자에게는 대금 청구서 역할, 바이어(수입자)에게는 매입 명세서 역할
- 수출자에게는 수출 실적, 바이어(수입자)에게는 수입 실적
- 수입 통관 시 관세 증빙 자료
  - ⋯ 바이어(수입자)는 언더 밸류(Under value) 고민 가능
  - ⋯ C/I는 수출자가 작성

◇ P/I(Proforma invoice /견적 송장)

- 약식 계약서 역할
- P/I를 근거로 L/C 오픈, P/I를 근거로 T/T 발송!
  - ⋯ P/I는 수출자가 작성
  - ⋯ P/O는 바이어(수입자)가 작성
- 일반적으로 P/I를 우선 작성하지만, P/O를 먼저 작성하기도 함
- 하단에 양측(수출자, 수입자)의 사인이 있어야 효력 발생

◇ L/C(Letter of credit) vs T/T(Telegraphic transfer)

- T/T의 장점은 L/C의 단점, L/C의 장점은 T/T의 단점
  - → T/T는 선급금이라는 장점이 있지만, 잔금에서 자주 문제 발생
- 일반적 기준인 30%:70%에서 수출자가 우위면 협상에 따라 30% 이상 받음
- 선급금과 잔금의 기준은 선적일(On board)
  - → L/C는 선급금이 없지만 선적과 동시에 현금화 가능
- L/C at sight는 즉시 현금화, L/C usance는 명시된 기간 후 현금화
  (Shipper's usance와 Banker's usance로 나누어짐)
- 혼합형인 '선수금(T/T) + 잔금(L/C)' 조합으로 무역 대금 진행하기도 함

◇ 샘플 인보이스(Sample invoice)

- 해외 출장 시, 핸드 캐리(Hand carry) 짐으로 가지고 갈 때 사용
- 해외로 샘플 보낼 때 사용
  - 필수 문구는 "No commercial value.", "Free of charge."
  - 샘플 인보이스의 핵심은 판매용이 아니라는 것을 강조!
  - → 통관 시, 문제가 발생하지 않도록 전문가와 상의하거나 바이어 컨펌 받고 진행할 것을 추천함

◈ 핵심 무역 서류: Invoice(인보이스), Packing list(패킹리스트), B/L(Bill of lading)

- 수출 핵심 서류로 선적 때와 은행 네고 때 필수!
  - ⋯ 인보이스(수출자 작성): 돈
  - ⋯ 패킹리스트(수출자 작성): 화물
  - ⋯ B/L(포워더 or 선사 작성): 소유권

◈ 가장 자주 쓰는 인코텀즈 3대장: Ex-work, FOB, CIF

- Ex-work 가격: 공장 출고가
  - ⋯ 바이어(수입자)가 여러 업체 제품을 한 컨테이너에 혼적할 때 사용
- FOB 가격: 공장 출고가 + 트럭킹 비용 + 수출제비용 + 통관 비용
  - ⋯ FOB는 B/L 상에 'Freight collect(착불)' 표기
- CIF 가격: 공장 출고가 + 트럭킹 비용 + 해상 운송비 + 보험료 + 수출제비용 + 통관 비용
  - ⋯ CIF는 B/L 상에 'Freight prepaid(선불)' 표기
- 이 중 FOB가 가장 빈도수가 높은 이유?
  - ① 수출자 입장에서는 어떤 나라의 바이어를 만나도 바로 오퍼 가능, 오퍼 가격 측면에서도 일반적으로 다른 인코텀즈보다 경쟁력 있음.
  - ② 바이어(수입자) 입장에서는 파트너 포워더와 관세사를 보유하고 있기 때문에 수출자가 오퍼하는 FOB 외 인코텀즈를 굳이 할 이유가 없음.

결론: 수출자와 바이어(수입자)의 니즈(Needs)에 충족하는 조건은 FOB임

※ FOB는 각종 온·오프라인 바이어 상담에서 무역 가격 기준이 됨

◇ FOB 출고 vs CIF 출고 프로세스

공통점	차이점
제품이 준비되면 바이어에게 선적 정보 (Shipping info)를 받음 ※ Shipping info: Consignee, Notify, Remark 등	FOB는 해상 운송을 포함하지 않기 때문에 바이어에게 선사(포워더) 정보를 추가로 받지만, CIF는 받지 않음

◇ 영세율 & 구매확인서

수출 제품에 한하여 부가세가 '0'이라는 뜻!

※ 공장이 무역 업체를 통해서 간접 수출했다면?

최종 무역 업체가 유트레이드허브 사이트(www.utradehub.or.kr)에서 구매확인서를 발급받음 → 제조사(공장)에 전달 → 제조사(공장)는 부가세 신고 때, 영세율 세금계산서와 구매확인서 제출 → 끝

◇ 무역의 3대 클레임과 대응: 납기, 수량, 품질 클레임

현실적 해결 방법은 물질적 배상 또는 금전 배상, 무조건 아니라고 떼쓰는 것은 금기사항

• 물질적 보상으로 한다면?

완제품 또는 부품의 불량률, 수량 부족을 고려하여 사전어 주문 수

량보다 더 선적시키는 RMA(Return material authorization)로 대응 → 빠른 대응 및 특송비 절감 효과

- 금전적 보상으로 한다면?

  Credit note, Debit note를 통하여 추후 오더에서 공제

※ 손해배상으로 인한 은행을 통한 송금은 매우 희소!

◇ CY vs CFS, LCL vs FCL

- FCL: 한 컨테이너 꽉 채운 것, CY: 컨테이너 야적장
- FCL은 CY에 있고 FCL은 국내 CY에서 해외 CY로, 또는 해외 CY에서 국내 CY로 이동
- LCL: 한 컨테이너 다 못 채운 수량
- CFS: LCL들을 모아 CFS에서 혼적, 적재, 적하 작업(By 포워더)
- 국내 CFS에서 해외 CFS로 또는 해외 CFS에서 국내 CFS로 이동

◇ CIF vs CIP

- CIF + 항구명, CIP + 도시명
- CIF는 해상 운송에 사용
- CIP는 해상 운송을 제외한 항공과 복합 운송(가차+선박)에 사용
- 일반적으로 CIF는 선박 운송일 때, CIP는 항공 운송일 때 주로 사용
- 위험 분기점은 CIF는 수출물품 본선 적재시점, CIP는 수출자가 수출 지역에서 운송 회사에 인계하는 시점

◇ 수출 가격! 어떤 인코텀즈가 유리?

- Ex-work은 수출자가 편함 / CIF는 바이어(수입자)가 편함
- FOB는 수출자와 바이어(수입자)가 서로 win-win 가능(ex. 가격, 무역 프로세스)
- 수출자 입장은 일단 가격 산출해 놓으면 세계 각국 바이어에게 재산출 없이 언제 어디서나 즉시 오퍼 가능
- 바이어(수입자) 입장은 포워더와 관세사로 이어지는 수입 시스템을 가지고 있기 때문에 FOB 외 인코텀즈를 굳이 할 이유가 없음.
  - → FOB는 다른 인코텀즈보다 수출자나 바이어(수입자) 입장에서 최적의 조건 제공
  - → FOB는 온라인&오프라인을 비롯한 모든 무역의 기본 가격이 됨(전시회, 수출 상담회 및 이메일 문의에서 무역 가격은 FOB로 준비함)

◇ L/C at sight vs L/C usance, L/C banker's usance vs L/C shipper's usance

- At sight: 네고 즉시, 무역 대금 현금화
- Usance: 명시된 기간 지난 후, 무역 대금 현금화
- Usance L/C는 Shipper's와 Banker's로 나누어짐
  - → 수출자가 그 기간만큼 비용을 부담하고 네고하면 Shipper's usance
  - → 바이어(수입자)가 그 기간만큼 비용을 부담하고 수출자가 네고하면 Banker's usance

◇ Telex release란?

- Telex release B/L = Surrender(서랜더) B/L
- 해외 B/L에서 자주 보임. 국내에서는 서렌더란 표현을 더 자주 씀
  - … 지리적으로 수출항과 수입항이 가까울 때 또는 수출자가 오리지널 수령 후 DHL로 보내기 전에 배가 이미 도착했을 때 사용
  - … Telex release는 서랜더와 절차는 같음
  - … 한 번 발행되면 되돌릴 수 없기 때문에 무역 대금(특히, T/T 결제 조건이라면 잔금 체크 필수) 확인 후 진행 필요

◇ 마스터 B/L vs 하우스 B/L

- B/L(선하 증권)은 선사에서 또는 포워더에서 작성
- 선사가 발행하면, 마스터 B/L
- 포워더가 발행하면, 하우스 B/L
- 실무에서는 통칭 B/L이라고 부름
- 선사는 FCL만 취급, 포워더는 FCL, LCL 모두 취급

◇ 언더 밸류(Under value) vs 오버 밸류(Over value)

- 수입 통관 시, 세금을 줄이는 방법 2가지
  ① HS 코드 잘 설정하기
  ② 언더 밸류 하기

일반적으로 샘플 인보이스 작성 시에는 언더 밸류 적용함

바이어의 요청으로 수출자가 해외 현지 통관용으로 커머셜 인보이스 (언더 밸류)를 따로 만들기도 함

최종 수출자는 인보이스 2개 작성(수출 통관용과 현지 수입 통관용) 가능

• 언더 밸류는 다운(Down) 계약서 정도로 이해하면 됨

• 오버 밸류는 업(Up) 계약서 정도로 이해하면 됨

언더 밸류를 하든, 오버 밸류를 하든 금액이 너무 낮거나 높으면 안 됨

⟶ 적정선 필요. 현지 바이어와 상의 필수

2. 무역 물류 핵심 용어

• Freight collect: 착불

• Freight prepaid: 선불

• For account & risk of messers: 바이어(수입자)

• Consignee: 바이어(수입자)

• POL: Port of loading(선적항)

• POD: Port of discharge(도착항)

• LCL: 한 컨테이너 못 채운 화물

• CFS: 소량 화물을 모아서 한 컨테이너 짜거나 한 컨테이너를 여러 화주로 쪼개는 곳

• FCL: 한 컨테이너 꽉 채운 화물

• T/Time: Transit Time(운항 일수)

- THC: Terminal Handling Charge(컨테이너 반입 후 발생하는 비용)
- DOC: Document fee(문서 작성료)
- Wharfage: 부두 사용료
- Trucking charge: 내륙 운송비
- Customs Clearance: 통관
- ETD: 출발 예정
- ETA: 도착 예정일
- VSL: Vessel 선박
- O/F: Ocean freight(해상 운임)
- Sur charge: 추가 비용
- Storage charge: 창고료
- 1CBM: 가로 1m×세로 1m×높이 1m
- Gross weight: 포장 포함 무게
- Net weight: 순중량

3. 전화 영어 핵심 표현

◇ 인사 및 기본 표현

- (전화 받을 때) Hello, Lisa speaking. 안녕하세요. 리사입니다.
- (전화 걸 때) Hello. This is Lisa. 안녕하세요. 리사입니다.
- Who is calling? / Who is speaking, please? 누구세요?
- May I have your name, please? 이름 좀 알려 주시겠어요?

- Can you talk now? 지금 통화(대화) 가능해요?

- Is this a bad time for you? 통화(대화)하기 어렵나요?

- I cannot hear you well. Could you say that again? 잘 안 들려서 그러는데, 다시 한 번 말씀해 주시겠어요?

- Could you make it short? 간단히 말해주시겠어요?

◇ 약속

- When would be a good time? 언제 시간 되세요?

- How is 2PM for you? 2시 어때요?

- That would be fine. 좋아요.

◇ 통화 요청

- I would like to speak to Smith, please. 스미스와 통화하고 싶어요.

- May I speak to Smith? 스미스와 통화할 수 있을까요?

- Hold on, please. / One moment, please. 잠시만 기다려 주세요.

- Thank you for holding. 기다려 주셔서 감사합니다.

◇ 부재 시

- I am off today 오늘 쉬는 날이에요.

- He is not in now. 그는 지금 자리에 없어요.

- He will be back around 5. 5시쯤 오실 겁니다.

- He is in a meeting now. 그는 지금 미팅 중입니다.

- He is on business trip at this moment. 그는 지금 출장 중입니다.

- When will he be back? 그는 언제 돌아올까요?

- Do you know when he will be in? 언제 돌아오는지 아시나요?

- Can I call you back? 다시 전화해도 될까요?

- Could you call again later, please? 나중에 다시 전화해 주시겠어요?

- Can I take your message? / Is there any message? 메모 남기시겠어요?

- Can I leave a message? 메시지 남겨도 될까요?

- Please, send him a message. 메시지 좀 전해주세요.

- Please, call me when he comes back. 그가 돌아오는 대로 전화 좀 주세요.

◇ 업무 요청

- If possible, send an email, please. 가능하면 메일로 보내주세요.

- Would you send me the information by email? 그 정보를 이메일로 보내줄래요?

- Can you deal with that for me? 그것 좀 처리해 줄래요?

- Check the email, please. 이메일 좀 확인해 주세요.

- I am calling to check if you got my email. 당신이 제 메일을 받았는지 확인하려고 전화했어요.

- It is about the business trip next week. 다음 주 출장 건에 대한 겁니다.

통화 마무리

- Please call if you need anything else. 뭐든 필요하면 전화 주세요.
- It was nice talking to you. 통화 즐거웠어요.
- Thank you for calling. Have a nice day! 전화 줘서 그마워요. 좋은 하루 보내요.

4. 이메일 영어 핵심 표현

홍보

- This item is economical and practical. 이 아이템은 경제적이고 실용적입니다.
- We guarantee prompt delivery. 신속 배송을 보장합니다.
- We are writing to introduce our new model. 우리의 새로운 모델을 소개하려 합니다.

소통

- Well noted. Thanks. 잘 알겠습니다.

- I think it is out of stock. 품절인 것 같습니다

- I will send the sample to you soon. 샘플 곧 보내 드릴게요.

- Well received samples with thanks. 샘플 잘 받았어요.

- I will keep you posted. 진행 상황을 계속 알려 줄게요.

- Your order is delayed due to customs clearance. 당신의 오더가 통관 문제로 인해 지연되고 있습니다.

- The shipment will arrive soon. 선적된 것은 곧 도착할 겁니다.

- Please, see the updated schedule we are going to follow. 업데 이트된 스케줄 참고하세요.

- Please note that the schedule has been cancelled. 스케줄이 취소되었으니 참고하세요.

- We will keep you updated anything we get. 업데이트되는 대로 알려 드릴게요.

- Please, refer to the attached file. 첨부 파일 참조하세요.

- There was a delay due to the long holiday. 긴 연휴로 인해 지연 되었습니다.

- Please, contact me if you have any questions. 문의 사항 있으면 연락 주세요.

⬦ 업무 요청

- Would you please send me the contract? 계약서 좀 보내주시겠어요?

- Can you move up the shipping schedule? 선적 스케줄을 당길

수 있나요?

- I would like to receive the details. 세부 사항을 받고 싶습니다.

- I want to check the repeat order. 재주문한 것을 체크하고 싶습니다.

- Is it ok to change the color? 컬러를 바꿔도 되나요?

- When can I expect the new order? 신규 오더는 언제 가능할까요?

- Could you send me a report ASAP, if possible? 가능한 한 빨리 보고서를 보내주실래요?

- Please send us the bank slip. T/T 송금 영수증 보내주세요.

- Could you go through my offer? 내 제안을 검토해 주시겠어요?

- I will schedule the meeting soon. 곧 회의를 잡겠습니다.

- let's have a conference call tomorrow. 내일 화상회의 합시다.

- Keep me posted, please. 어떻게 진행되는지 알려주세요.

- Can you let me know the schedule? 스케줄 좀 보내주세요.

- Could you revise the details? 세부 사항을 수정해 주시겠어요?

- Please email me back ASAP. 가능한 한 빨리 이메일 답변 주세요.

- Do you have any more in stock? 재고가 더 있나요?

- Do you have time to check in about this today? 오늘 이거 확인할 시간 돼요?

- When do I expect to receive the shipment? 선적된 것을 언제 받을 수 있을까요?

- I am writing to request some changes to our contract. 우리 계약서에서 몇 가지 바꾸기를 요청하기 위해 이 글을 씁니다.

◇ 협상

- That's exactly what I am thinking. 정확히 내 생각과 같아.

- How about 3 percent? 3% 어때?

- 5 percent would be much better. 5%가 훨씬 낫겠네요.

- What kind of discount could you offer? 몇 퍼센트 할인할 수 있어요?

- I am with you. 동의합니다.

- I will accept that offer. 그 제안 수락할게요.

- I would like to accept the offer. 그 오퍼를 받아들이겠습니다.

- We will release the B/L to you once we receive the payment. 대금이 완료되면 B/L을 발급하겠습니다.

- Could you send me your best price? 당신이 생각하는 좋은 가격을 보내주시겠어요?

- I will get back to you after reviewing. 검토 후 연락 드릴게요.

- All the cost required for this will be paid by us. 이번 건에 대한 모든 비용은 우리가 부담할 것입니다.

- Please don't hesitate to contact me if you have any questions. 궁금한 부분이 있다면 언제든 연락 주세요.

◇ 사과

- Sorry to trouble you. 귀찮게 해서 미안해요.

- Sorry for the delay reply. 답변이 늦어 죄송합니다.

- I apologize you for the mistake. 실수에 대해 사과드립니다.

- I am writing to inform you about our mistake. 우리의 실수에 대해 알려드리려고 합니다.

- Sorry that this has happened. 이런 일이 발생해 죄송합니다.

- Please, understand our situation and kindly accept our offer. 상황을 이해해 주시고 우리 제안을 수락해 주십시오.

◇ 감사

- Thanks in advance. 미리 감사드려요.

- Thanks for your message. 메일 감사해요.

- Thanks for your cooperation. 협조에 감사드립니다.

- Thank you for your feedback. 피드백 주셔서 감사합니다.

- Thank you for your prompt reply. 빠른 회신 감사드립니다.

- Thank you for contacting us. 연락해 주셔서 감사합니다.

- Thanks for your understanding. 이해해 주셔서 감사합니다.

- Thank you for your interest in our product. 우리 제품에 관심을 가져 주셔서 감사합니다.

5. 이메일 영어 핵심 약어

- ASAP = As soon as possible(가능한 빨리)

- ATTN = Attention(~귀하, ~에게)

- BTW= By the way(그런데)

- CC = Carbon copy(참조)

- BCC = Blind carbon copy(숨은 참조)

- Dept = Department(부서)

- EA= Each(각각)

- PCS = Piece(개수)

- FYI = For your information(참고하세요)

- FW/FWD = Forward(전달)

- MSG = Message(메시지)

- N/A = Not applicated(해당 사항 없음)

- PLS = Please

- QC = Quality control(품질 관리)

- 1Q = 1Quarter(1분기)

- Re = Regarding(제목)

- Qty = Quantity(수량)

- Approx = Approximately(대략)

무린이를 위한
좌충우돌 실전 생존기
"나도 궁금했어!"

펴 낸 날   2025년 12월 02일

지 은 이   장재환
펴 낸 이   이기성
기획편집   서해주, 최인용, 권희연
표지디자인 서해주
책임마케팅 이수영, 김정훈
펴 낸 곳   도서출판 생각나눔
출판등록   제 2018-000288호
주   소   경기도 고양시 덕양구 청초로 66, 덕은리버워크 B동 1708호, 1709호
전   화   02-325-5100
팩   스   02-325-5101
홈페이지   www. 생각나눔.kr
이 메 일   bookmain@think-book.com

• 책값은 표지 뒷면에 표기되어 있습니다.
  ISBN 979-11-7048-934-4 (03320)